AF291525

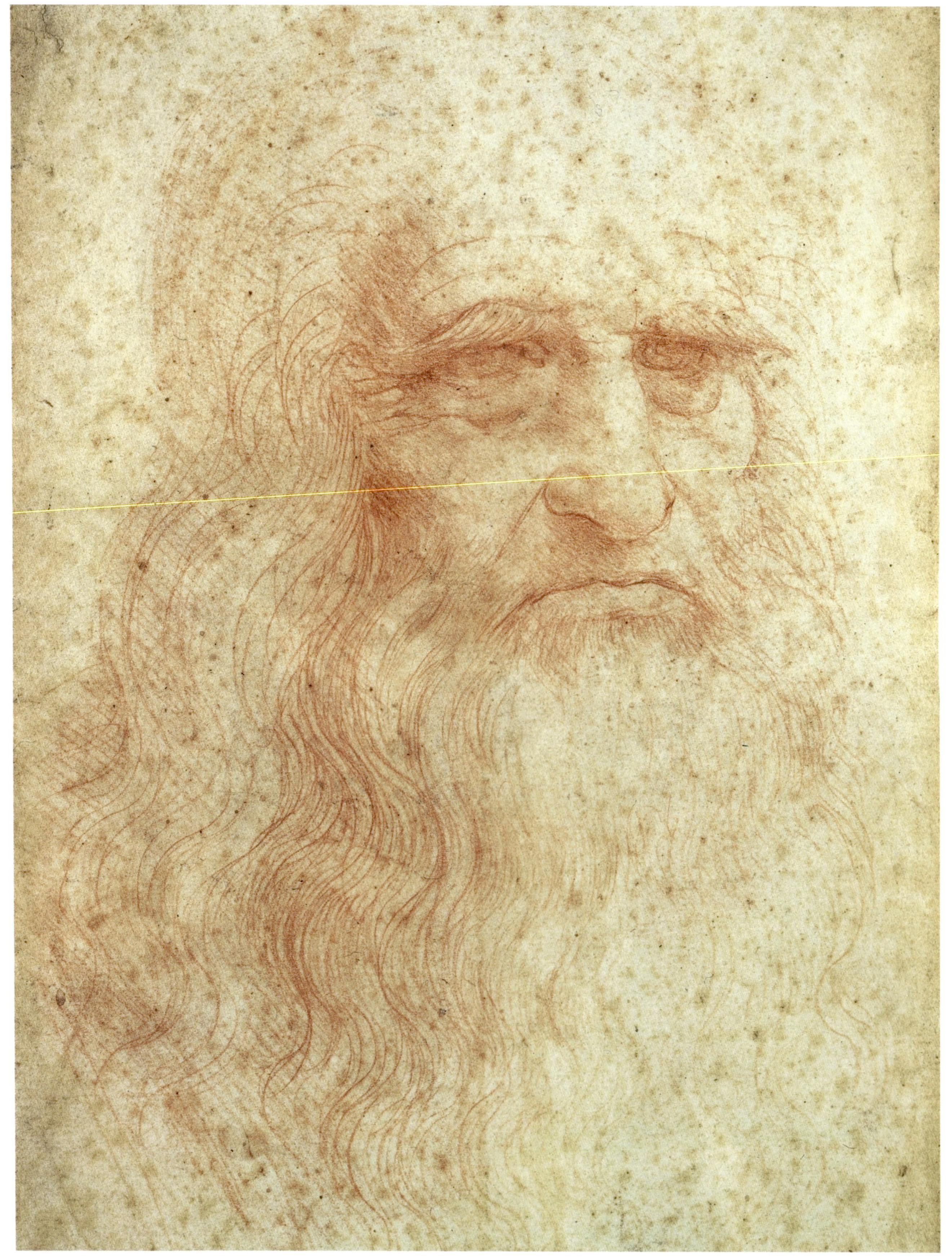

Frank Zöllner

Léonard de Vinci

1452–1519

Artiste et homme de science

TASCHEN

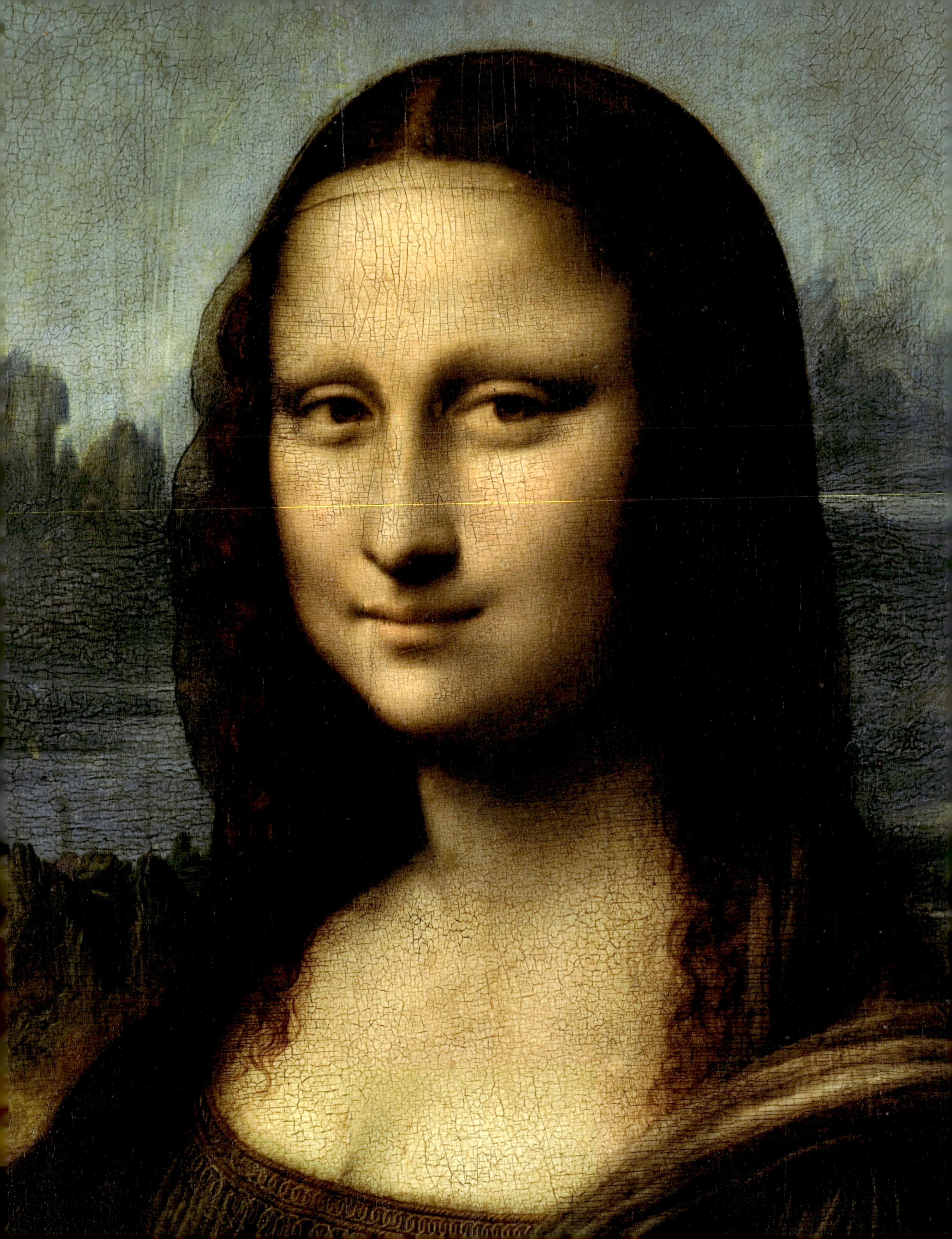

Sommaire

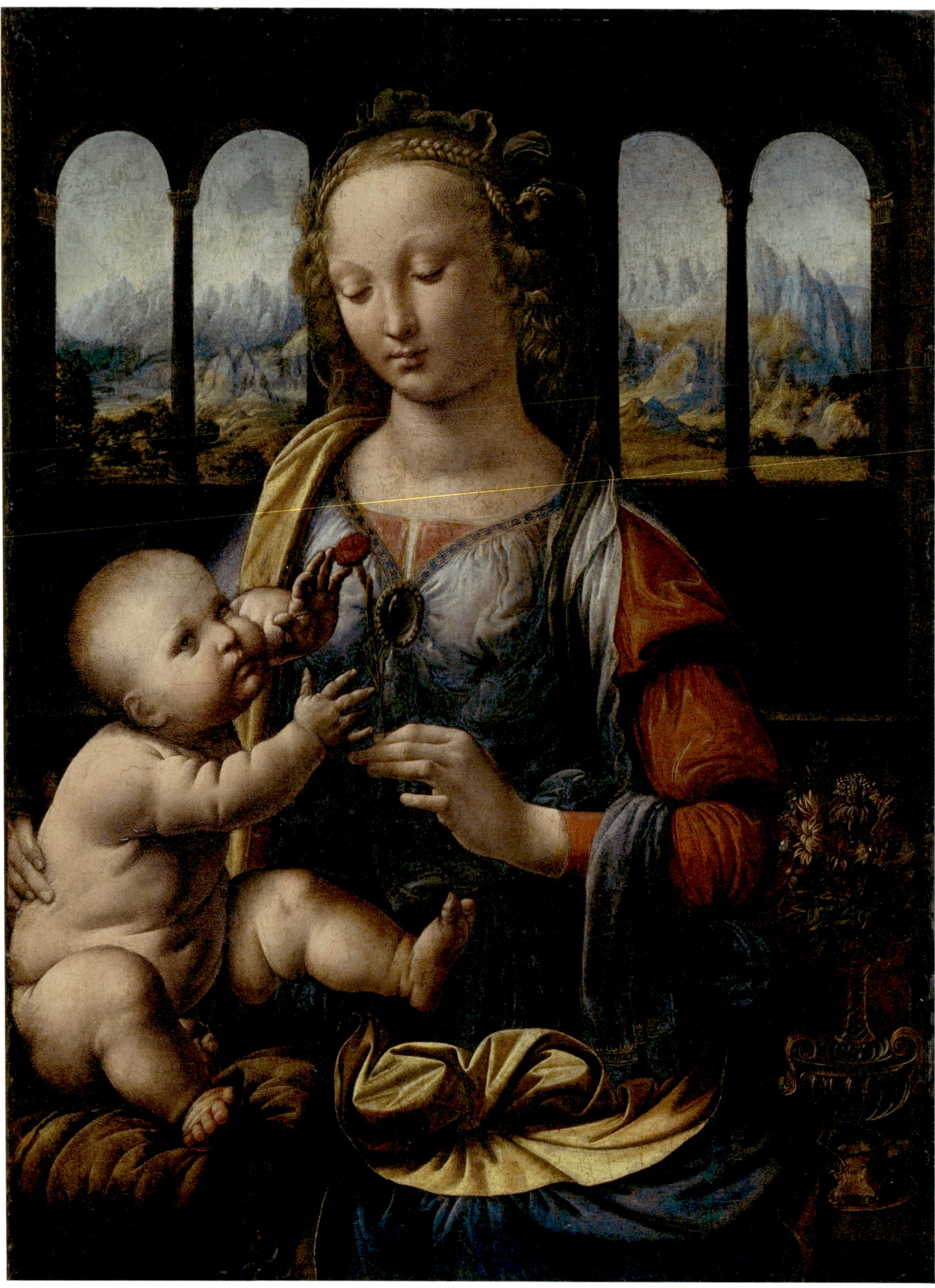

Les années d'apprentissage –
Le jeune artiste à Florence

Les écrivains et critiques de l'époque ne disent en général que du bien de
Léonard de Vinci et relatent des faits bizarres, extraordinaires. Ils esquissent
l'image d'un jeune homme aux multiples talents, aimable et séduisant, qui n'a
pas seulement étonné ses contemporains dans le domaine des arts, mais aussi
en se profilant dans celui des sciences et de la musique. Les critiques n'igno-
raient pourtant pas d'autres traits de caractère, moins dignes d'éloges, ceux-là.
Il semble qu'il ait déjà possédé tout jeune des tendances homosexuelles. Encore
considérées comme un délit à son époque (Beltrami n° 8–9), elles furent regar-
dées au 16e siècle comme un attribut presque naturel de son génie (Lomazzo I,
p. 104). On lui porta surtout rigueur de ne pas achever les œuvres qu'il com-
mençait ; en effet, les biographes se plaignent continuellement de ce qu'il se
soit dispersé en activités multiples, avec les conséquences immédiates que cela
comportait pour son art. « C'est ainsi que pendant qu'il passait son temps à
effectuer des recherches dans des domaines qui n'étaient qu'une aide pour son
art, il n'a pu achever, à cause de ses sautes d'humeur et son instabilité, que très
peu d'œuvres. Son talent recherchant intensément à atteindre la perfection et
ses grandes exigences envers lui-même, font qu'il a commencé beaucoup de
choses pour les laisser inachevées. » (Chastel p. 72) C'est ce qu'écrit l'humaniste
Paul Jove vers 1527 dans son recueil de biographies d'hommes célèbres, qui
mentionne d'autres artistes, dont Michel-Ange et Raphaël. Giorgio Vasari exprime presque la même opinion sur Léonard dans ses *Vies des plus excellentes
peintres, sculpteurs et architectes* parues dès 1550 : « Il aurait pu faire de grandes
choses dans le domaine de l'humanisme s'il avait été un peu moins capricieux
et instable, car il se mettait à apprendre beaucoup de choses, mais à peine commencé, il abandonnait tout. »

Léonard vit le jour le 15 avril 1452 à Vinci près d'Empoli. Sa vive intelligence
et ses talents de dessinateur, développés très tôt, lui valurent sans doute d'être
mis en apprentissage chez le peintre et sculpteur florentin Andrea del Verrocchio
(1433–1485). Les aptitudes particulières du jeune artiste pour le dessin sont
maintes fois évoquées par les biographes de l'époque, par exemple Vasari : « Il
dessine entre autres sur papier avec une telle exactitude et de manière si parfaite,
que personne n'a jamais pu atteindre son aisance ; je possède moi-même de
lui un divin dessin à la pointe d'argent, aux ombres claires et sombres. » Vasari
relate également – mais plutôt sous forme anecdotique – comment débuta

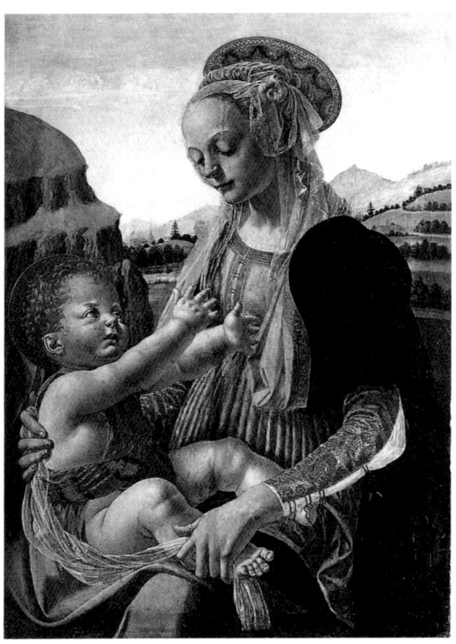

Andrea del Verrocchio
Madone à l'Enfant, vers 1473–75
Détrempe sur bois, 72 x 53 cm
Gemäldegalerie, Staatliche Museen
zu Berlin – Preußischer Kulturbesitz

Léonard a continué à développer ce modèle
de madone dans ses dessins et tableaux.

La Madone à l'œillet (La Madone au vase),
vers 1472–78 (?)
Détrempe (?) et huile sur bois
de peuplier (?), 62,3 x 48,5 cm
Munich, Bayerische Staatsgemälde-
sammlungen, Alte Pinakothek

Ce tableau de la Vierge est considéré comme le
premier travail entièrement réalisé par Léonard.
On reconnaît surtout des parallèles formels
avec la peinture flamande et le type de madone
d'Andrea del Verrocchio.

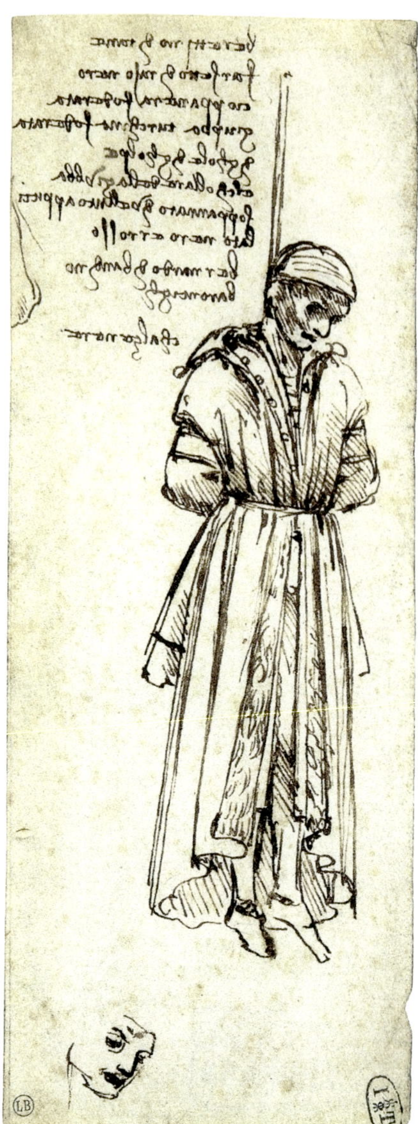

***Esquisse de Bernardo di Bandino
Baroncelli pendu***, décembre 1479
Plume et encre, 19,2 x 7,8 cm
Bayonne, Musée Bonnat

Léonard fait ici le portrait de Baroncelli, pendu
le 29 décembre 1479 pour avoir participé à la
conspiration des Pazzi. L'artiste espérait sans
doute pouvoir réaliser, après la pendaison, le
tableau du malfaiteur. C'est pour cela qu'il a
noté les couleurs de ses vêtements.

***Profil d'un guerrier en armure
et casqué***, vers 1472
Mine d'argent sur papier (préparation
couleur crème), 28,5 x 20,7 cm
Londres, British Museum

Le dessin nous montre un type particulier que
Léonard a emprunté au répertoire de son maître
Verrocchio, et qu'il utilisera très souvent.

vraiment la carrière artistique de Léonard : son père, Ser Piero, « prit un jour
plusieurs de ses dessins et les porta à son ami Andrea del Verrochio en le pres-
sant de lui dire si Léonard avait des chances d'arriver à quelque chose en se
consacrant au dessin artistique. Andrea s'étonna beaucoup des débuts particulièrement prometteurs de Léonard et encouragea Ser Piero à laisser son fils
s'engager dans cette voie ; le père décida donc que son fils irait dans l'atelier
d'Andrea. Léonard en fut ravi et pratiqua non seulement son métier mais
s'adonna aussi à toutes les activités qui relèvent de l'art du dessin ».

L'histoire du jeune génie qui possède tout l'art de son métier avant même
d'avoir entamé son apprentissage, fait bien entendu partie des lieux communs
de l'histoire de l'art. De même, l'histoire de la grande amitié entre le père de
Léonard et Verrochio, le futur maître de l'artiste, est-elle sans doute exagérée.
Néanmoins, il paraît certain que le jeune Léonard ait montré très tôt un talent
particulier pour le dessin. Aucun autre artiste de sa génération n'a laissé une
œuvre aussi vaste, authentique et en même temps aussi riche. Les premières
œuvres de Léonard, des dessins datant des années 1470, révèlent déjà tout
le talent de l'artiste à manier la pointe de métal et la plume, talent que les
biographes du 15e siècle mentionnent déjà dans leurs anecdotes. Les petits
dessins, presque enjoués, que Léonard a réalisés en de courts traits de plume
énergiques pour esquisser ses figures pleines de mouvements manifestent le
plaisir qu'il éprouve à dessiner. Les intentions de représentations objectives
côtoient des exercices de formes d'expression du dessin d'après imagination.
D'autres dessins, datant de la première période de Léonard, révèlent en revanche, un soin particulier du détail, une discipline que chaque artiste devait
acquérir au cours des années d'apprentissage. Par exemple, le dessin d'un lis
(ill. p. 14), apparemment directement réalisé en atelier pour un tableau, et le
dessin à la pointe d'argent montrant le buste d'un vieux guerrier, réalisé vers
1472, un genre caractéristique orienté sur les modèles antiques de l'atelier
de son maître Verrochio. Les jeunes artistes comme Léonard s'entraînaient
peut-être à dessiner avec précision d'après de tels modèles plastiques. De fait,
Léonard recommandera ultérieurement dans un passage de son *Traité de
la peinture* (fol. 34), d'apprendre également le dessin en s'appuyant sur des
modèles de bons reliefs ou de sculptures.

Les premières études de drapés de Léonard, réalisées avec une grande mi-
nutie, semblent, elles aussi, montrer que le peintre a observé exactement le modèle. Vasari nous a décrit sa manière de travailler : « Comme il avait choisi la
peinture comme son véritable métier, il a beaucoup étudié le dessin sur nature.
Il fabriquait parfois des modèles en terre glaise sur lesquels il plaçait des étoffes
mouillées, enduites de terre qu'il s'appliquait ensuite à peindre patiemment sur
des toiles très fines ou déjà utilisées en les exécutant de manière admirable en
noir et blanc avec la pointe d'un pinceau. » L'artiste utilisait ces études exécutées
avec soin comme modèles pour représenter des drapés sur les tableaux ; elles lui
permettaient en même temps d'apprendre le dessin. En raison de leur caractère
de modèle, ces études ont été exécutées avec grand soin en mariant différentes
techniques. Elles sont souvent dessinées sur une toile résistante, afin de pouvoir
servir à la génération suivante de peintres.

Si la copie de modèles est coutumière dans les ateliers, l'étude de la nature
n'en est pas délaissée pour autant, on lui prête un intérêt égal. Un exemple para-
digmatique en sont les œuvres dessinées par l'artiste durant son apprentissage,
ainsi le premier dessin daté de Léonard, conservé aujourd'hui aux Offices
de Florence, et qui comporte, en haut à gauche, l'inscription caractéristique de

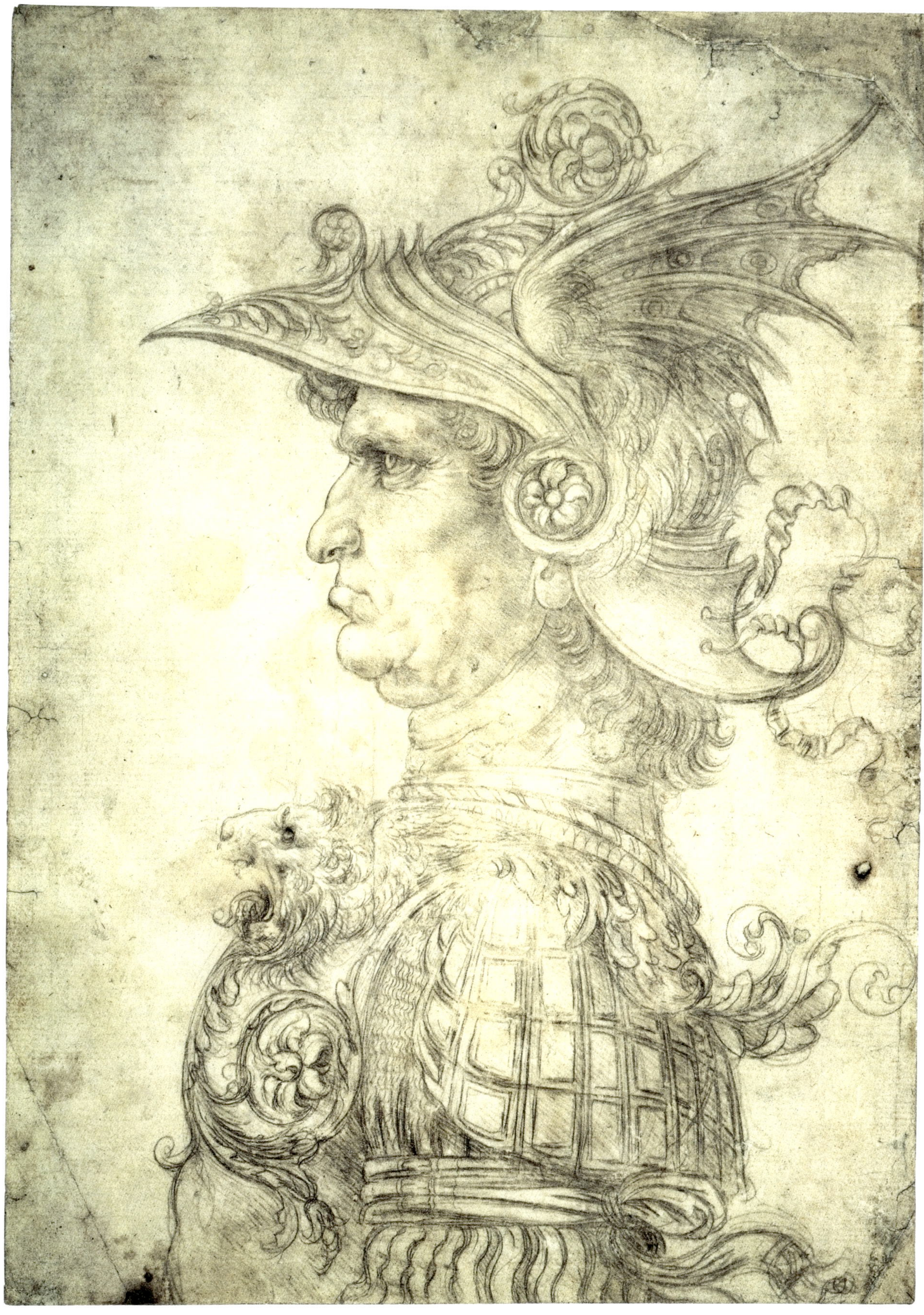

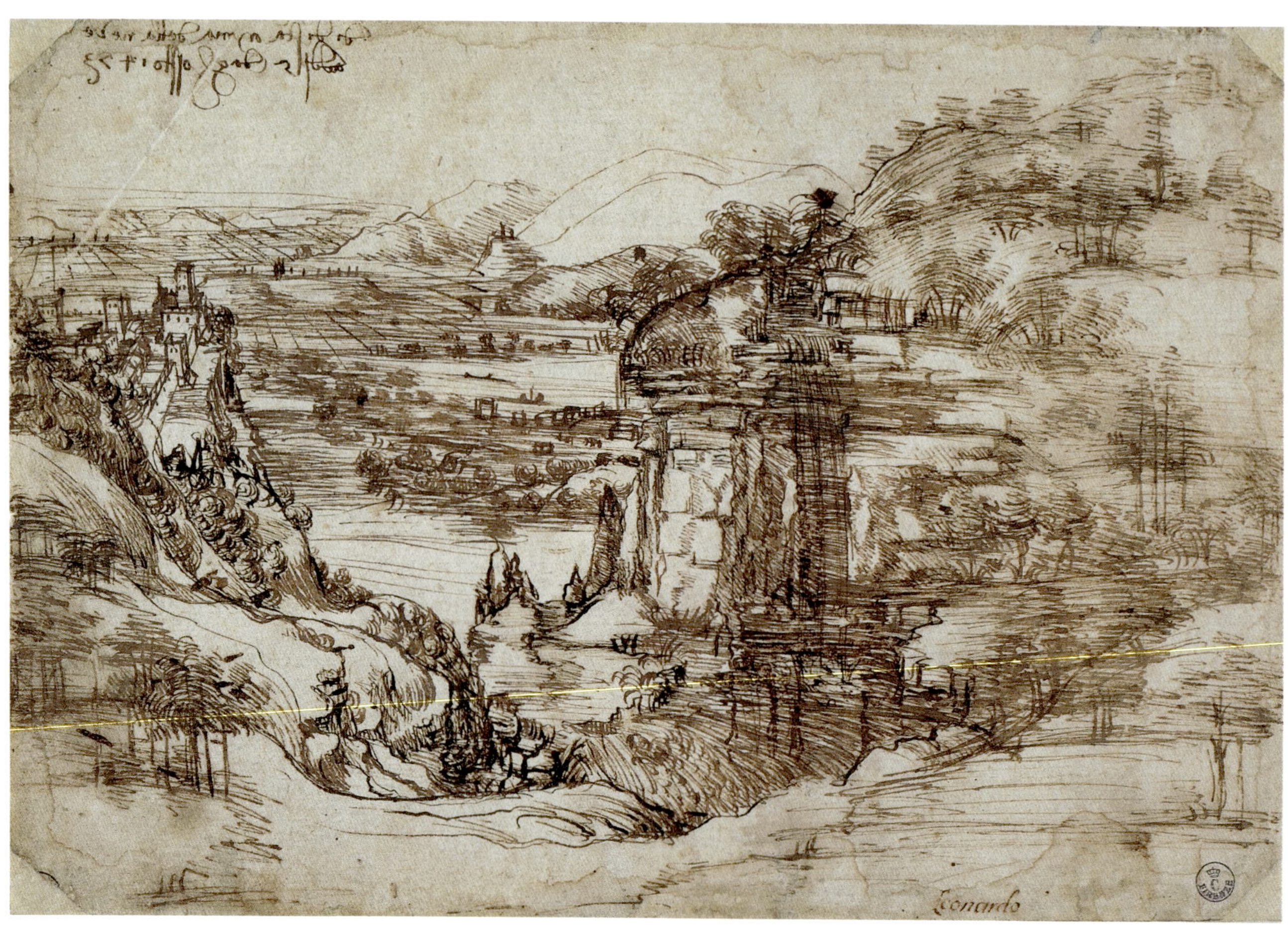

Vue paysagère de l'Arno, 5 août 1473
Plume et encre, 19 x 28,5 cm
Florence, Musée des Offices,
Cabinet des dessins et des estampes

Ce dessin à la plume est considéré comme
l'une des premières représentations autonomes
de paysages.

Andrea del Verrocchio et Léonard
Baptême du Christ, vers 1470–72 et vers 1475
Huile et détrempe sur bois de peuplier,
180 x 151,3 cm
Florence, Musée des Offices

Léonard, alors élève de Verrocchio, a réalisé
dans ce retable l'ange agenouillé à gauche,
et a retouché certaines parties du paysage et
du corps du Christ.

l'artiste, écrite de droite à gauche : « Sainte Marie des Neiges 5 août 1473 ».
Cette étude réalisée à la plume sur une ébauche à peine visible, montre une
vallée bordée de collines sur fond d'horizon, et avec un peu d'imagination, on
peut apercevoir la mer. Cette représentation, vraisemblablement une ébauche
au crayon réalisée sur place et retravaillée à la plume en atelier, représente sans
doute un chemin de montagne reliant Vinci à Pistoia. Au début du 20ᵉ siècle,
Woldemar von Seidlitz a même cru reconnaître les murs et les tours des fortifications de Papiano sur l'une des collines, à gauche. Ce dessin, une des premières esquisses autonomes de paysage de l'histoire de l'art, témoigne non seulement de l'importance grandissante, au 15ᵉ siècle, de l'étude directe de la nature,
mais montre aussi comment les artistes s'efforçaient de soumettre à leur volonté
artistique les choses visibles du monde. Les cimes des arbres, à droite sur la colline, par exemple, sont très schématisées, esquissées par de rapides hachures.
Ces hachures sont en partie reliées entre elles, formant de vibrants motifs d'ensemble, qui vont au-delà de la copie directe de la nature.

Les études de la nature et des modèles ont trouvé leur utilisation pratique
immédiate dans la peinture. Un arrière-plan de paysage était requis dans presque
chaque tableau ; dans beaucoup d'autres, les peintres devaient représenter des
drapés, souvent bien sûr pour la Vierge Marie et les anges. Si nous en croyons
les anecdotes de Vasari sur les artistes, un tel personnage drapé ferait partie des
premières œuvres peintes de Léonard. Vasari en parlant du tableau *Baptême
du Christ* (ill. p. 11), réalisé par Andrea del Verrocchio en grands panneaux,

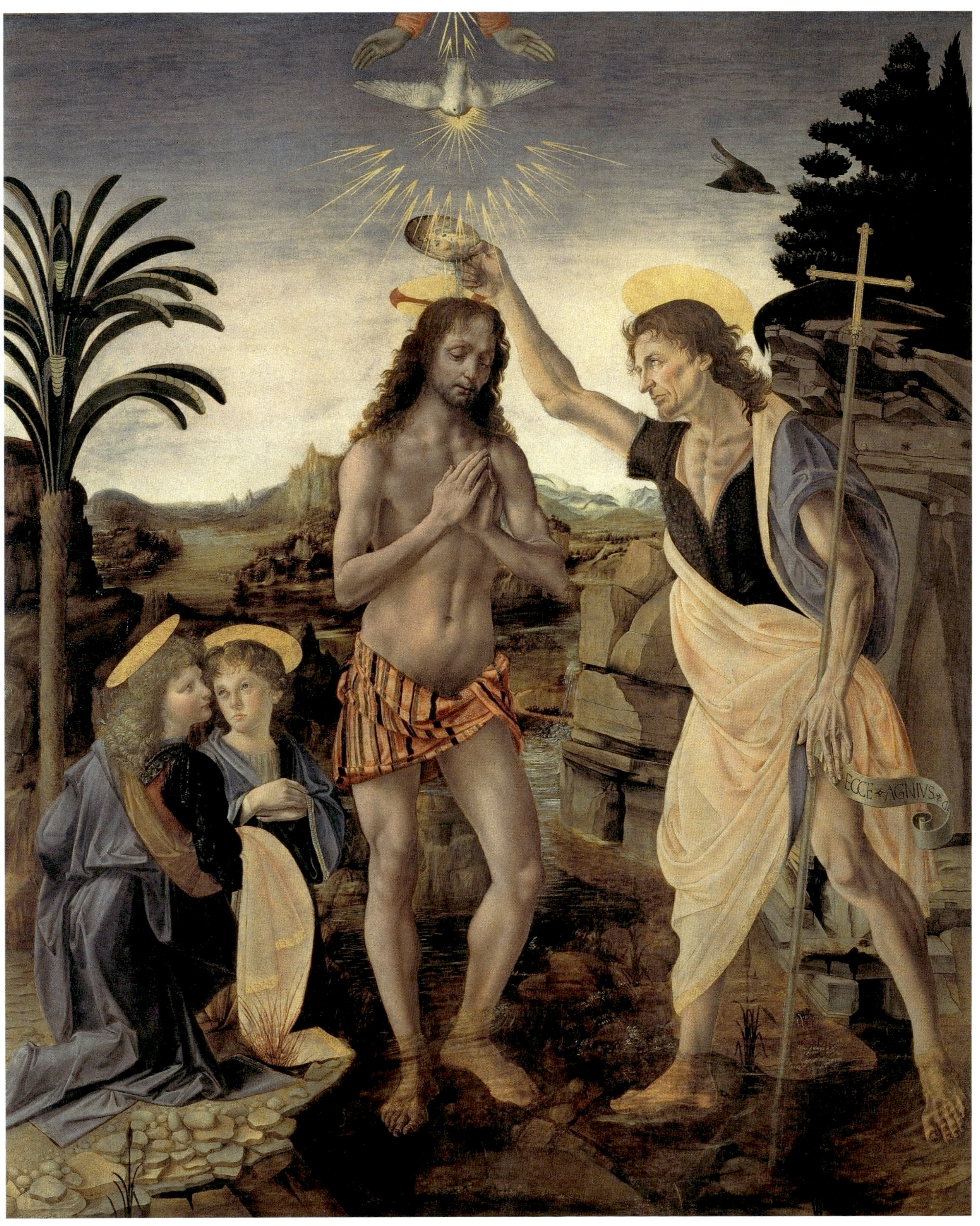
ECCE ✦ AGNIVS ✦ D

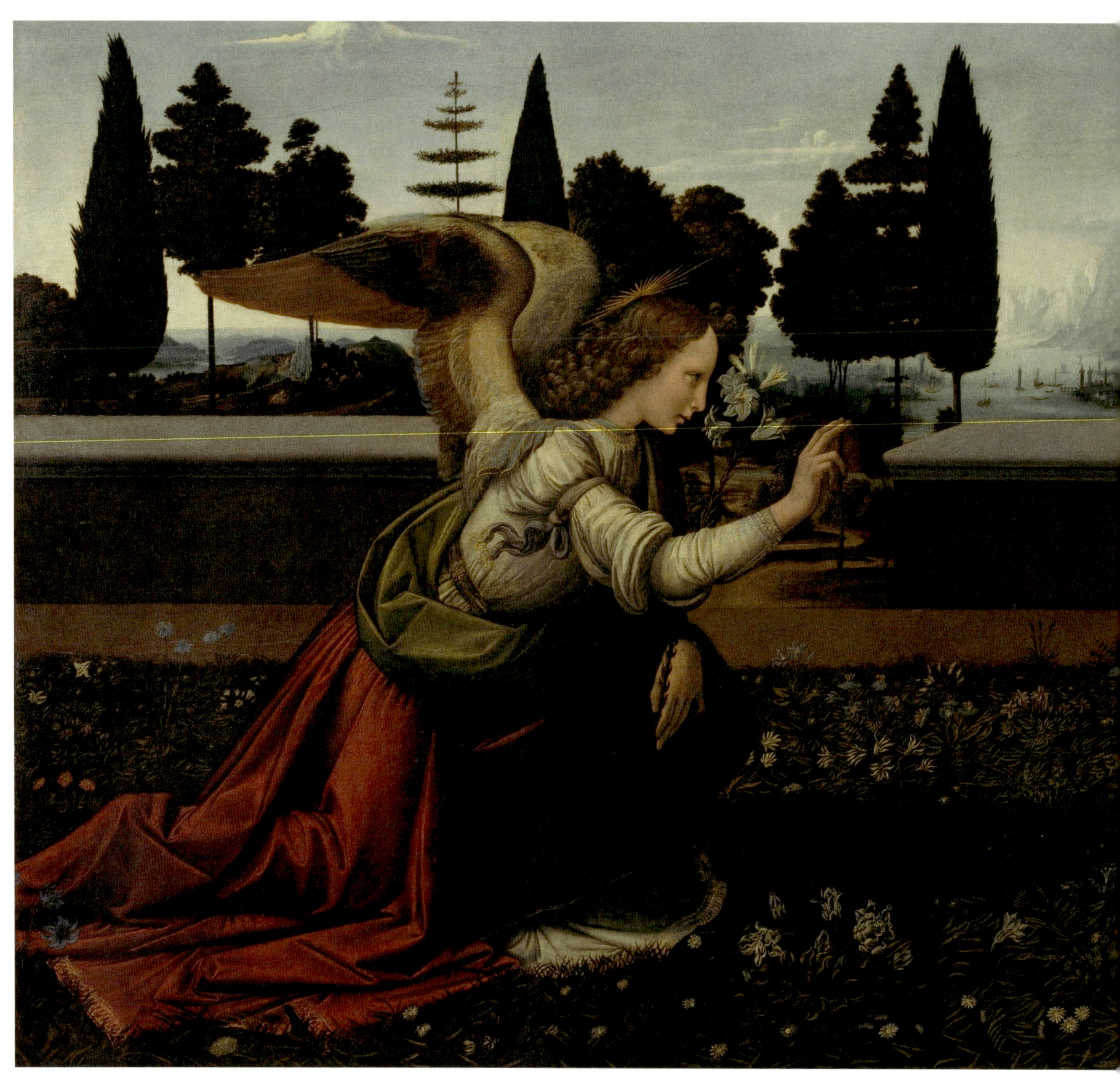

Annonciation, vers 1473–75 (?)
Huile et détrempe sur bois
de peuplier, 100 x 221,5 cm
Florence, Musée des Offices

L'attribution à Léonard est controversée.
On accepte sa paternité pour l'ensemble de
la composition, pour la réalisation de l'ange
et pour le paysage à l'arrière-plan. Plusieurs
parties du tableau ont été retouchées par quel-
qu'un d'autre, par exemple les ailes de l'ange.

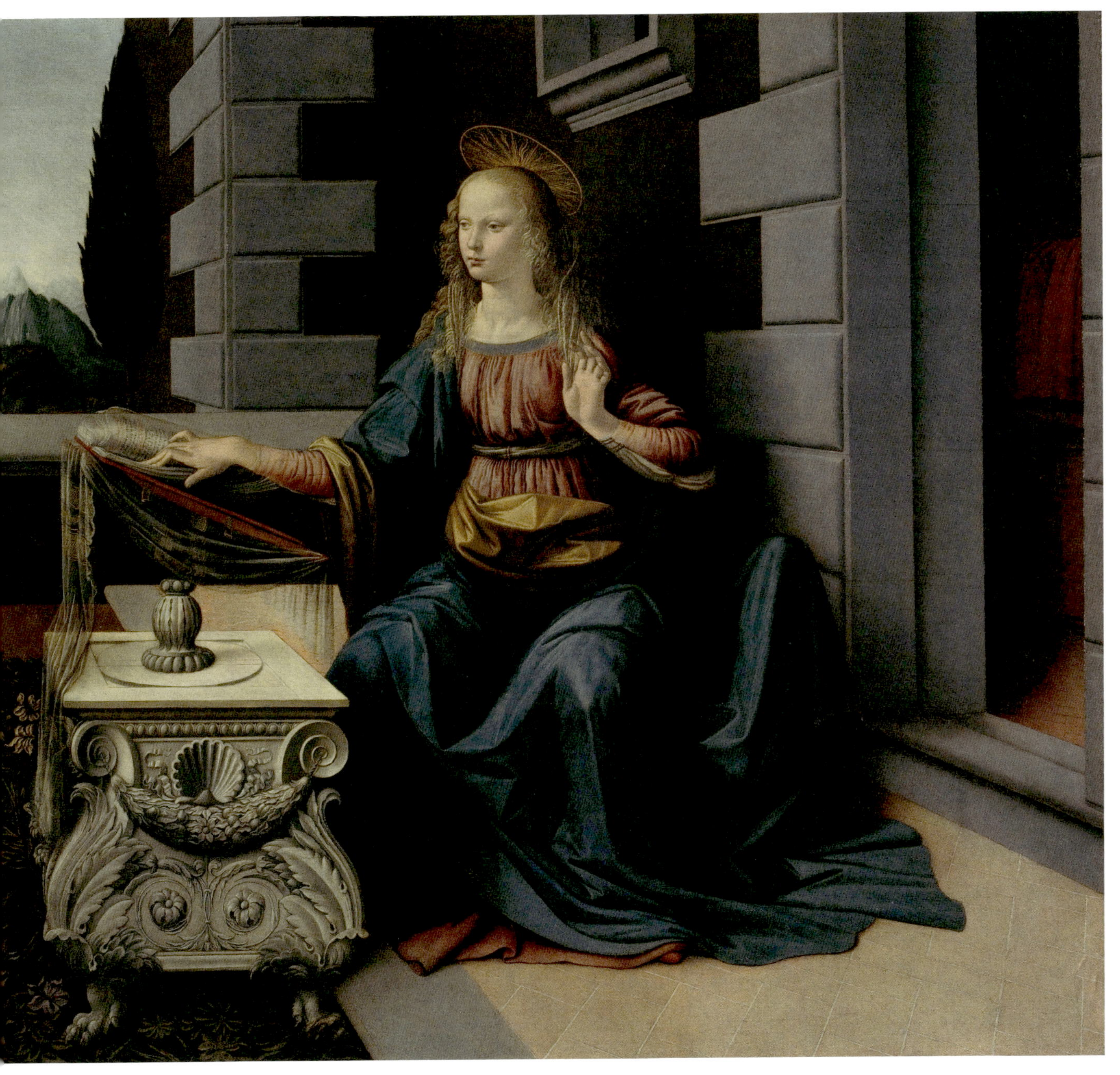

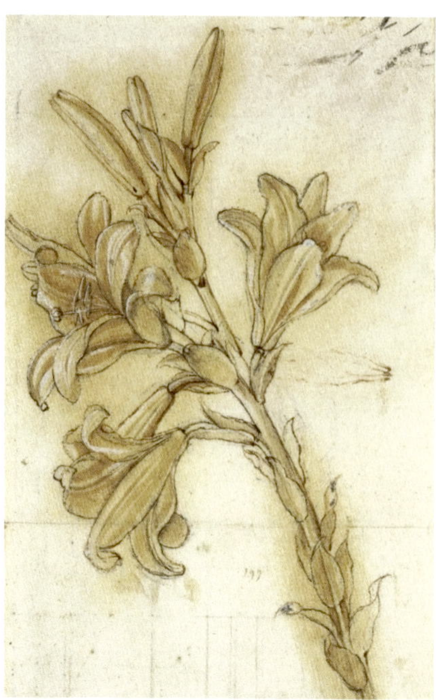

Étude de lis **(Lilium candidum)**, vers 1480–85
Plume et encre sur pierre noire,
rehauts de blanc, 31,4 x 17,7 cm
Windsor Castle, Royal Library

La feuille présente les caractéristiques d'un
dessin réalisé en atelier : les contours du lys
sont perforés, afin d'obtenir une reproduction
exacte sur une planche. Un dessin analogue
pour l'*Annonciation* a dû également exister.

*Étude de drapé pour le bras d'un ange
de l'Annonciation*, vers 1472–75
Plume et encre, 7,8 x 9,2 cm
Oxford, Governing Body, Christ Church

La feuille de petit format montre un dessin
préliminaire de l'ange de l'*Annonciation*
attribué à Léonard, à la Musée des Offices.

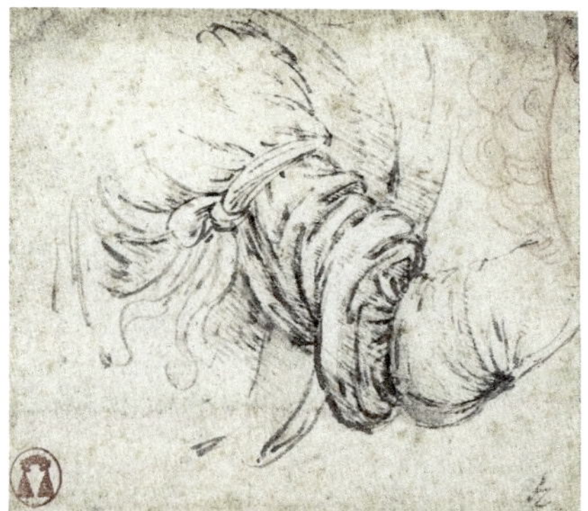

rapporte ce qui suit : « Et Léonard y peignit un ange qui tient plusieurs drapés ;
bien qu'encore très jeune, il réalisa cette figure si parfaitement, qu'elle devint
meilleure que celles d'Andrea del Verrochio. Et Andrea, peu décidé à reconnaître qu'un enfant en savait plus que lui, ne voulut plus jamais toucher à un
pinceau à partir de ce moment. »

Bien sûr, après vérification, il semble que cette anecdote ait été tant soit
peu enjolivée. N'empêche que l'affirmation audacieuse selon laquelle Andrea
Verrocchio aurait abandonné la peinture après avoir travaillé avec son élève,
n'est probablement pas tout à fait inexacte. En effet, après le *Baptême du Christ*,
rares sont les tableaux que l'on peut attribuer à Verrocchio. Le maître aurait-il
vraiment laissé le champ libre à son élève ? Les résultats de nouvelles études
laissent en tout cas apparaître clairement que l'ange sur le bord gauche du
tableau a été peint à l'aide d'une technique et d'un style vraiment différents de
ceux de Verrochio. On avait déjà remarqué à plusieurs reprises antérieurement
que la position de l'ange agenouillé renvoyait à des motifs de mouvements,
caractéristiques de Léonard. La rotation du torse contraste avec le mouvement
tournant de la tête, le mouvement du coude gauche se prolonge dans la position
de l'avant-bras droit. En outre, la carnation du visage de l'ange, soulignée par
de douces ombres, est différente de la facture plus dure, que l'on retrouve d'ha-
bitude chez Verrocchio. La figure centrale du tableau appelle des observations
similaires : le corps du Christ a apparemment été retravaillé plus tard à l'huile,
de sorte que la carnation semble plus doucement modelée que le corps de Jean
Baptiste peint à la détrempe par Verrocchio.

Alors que l'ange, à gauche sur le tableau, et les retouches sur le corps du
Christ sont dans une large mesure attribués au pinceau de Léonard, l'ensemble
de la composition du retable, ainsi que la plupart des détails, reviennent
entièrement à Andrea del Verrocchio. L'artiste s'est référé aux descriptions du
baptême du Christ que rapportent les Évangiles (Matth. 3 : 3–17 ; Marc 1 : 9–11),
mais il est surtout resté fidèle aux conventions picturales. Le Christ a ôté la
plupart de ses vêtements et se tient debout dans le lit pierreux du Jourdain, où il
reçoit le baptême des mains de Jean Baptiste arrivant par la droite. La colombe
du Saint-Esprit plane au-dessus de lui ; au-delà on peut reconnaître les mains
de Dieu le Père. À gauche, un des deux anges tient la tunique du Christ, tandis
qu'à l'arrière-plan un palmier ferme l'espace pictural de manière formelle. Le
palmier – ici l'arbre du paradis, symbole de la rédemption et de la vie – semble
archaïque en raison de sa représentation légèrement schématisée. D'autres éléments pittoresques vont tout à fait à l'encontre de cet archaïsme soulignant le
caractère symbolique de l'arbre, leur expression prononcée est l'une des caractéristiques de nombreux tableaux de Léonard. Le paysage, qui révèle également
plusieurs retouches de la main du jeune maître, se développe avec un grand
naturel dans toute la profondeur du tableau. Des eaux cristallines balaient les
rochers escarpés ; une lumière chaude venue de la gauche se répand presque
uniformément sur le groupe de silhouettes au premier plan ; des montagnes
sauvagement crevassées contrastent avec le vaste plan d'eau horizontal, et dis-
paraissent en s'estompant dans le lointain ; directement au-dessus de la ligne
d'horizon, le bleu du ciel se transforme en un blanc lumineux.

Le *Baptême du Christ* documente à la fois l'autonomie et la dépendance de
l'artiste. Si les retouches effectuées par Léonard et la composition des anges révèlent l'indépendance de l'artiste, les conditions de vie du jeune peintre laissent
supposer, même au milieu des années 70, une certaine dépendance vis-à-vis de
son maître et de son atelier. En effet, à cette époque Léonard est toujours chez

Verrocchio, alors qu'il pourrait être depuis longtemps à son compte. Rien
d'étonnant donc, si presque tous les tableaux précoces attribués à Léonard présentent, sur le plan de la composition, des similarités avec les œuvres de son
maître. Ceci est également valable pour l'*Annonciation*, réalisée en collaboration
avec Léonard et qui se trouve aux Offices à Florence (ill. p. 12–13). Le lutrin
richement sculpté placé devant Marie ressemble, par exemple, de très près
à une œuvre semblable qu'Andrea Verrocchio avait réalisée en 1472 pour la
sacristie de San Lorenzo à Florence.

Dans la composition du retable de grand format, Léonard a repris en grande
partie les représentations conventionnelles du 15ᵉ siècle : l'archange Gabriel est
agenouillé dans le jardin de la Vierge (Jacques apocryphe 11, Luc 1 : 26–38), qui,
assise au pupitre apprend qu'elle a été choisie pour mettre au monde le fils de
Dieu. La scène est flanquée à droite d'un édifice qui semble d'époque, un mur
à mi-hauteur délimitant le centre est interrompu par un petit passage. Cette
ouverture, qui sert de fond au geste de salut de Gabriel et au lys (symbole de la
pureté de Marie) dans sa main gauche, permet de voir un sentier se perdant
dans la profondeur du tableau. La silhouette d'une petite forêt et les montagnes
à l'horizon se découpent nettement sur le ciel lumineux, formant ainsi l'arrière-
plan du tableau.

Léonard (?)
*Étude de drapé pour une figure agenouillée
de profil droit*, vers 1472–75 (?)
Pinceau, détrempe grise et rehauts de blanc
sur toile enduite en gris, 18 x 23,4 cm
Paris, Musée du Louvre, Cabinet des dessins

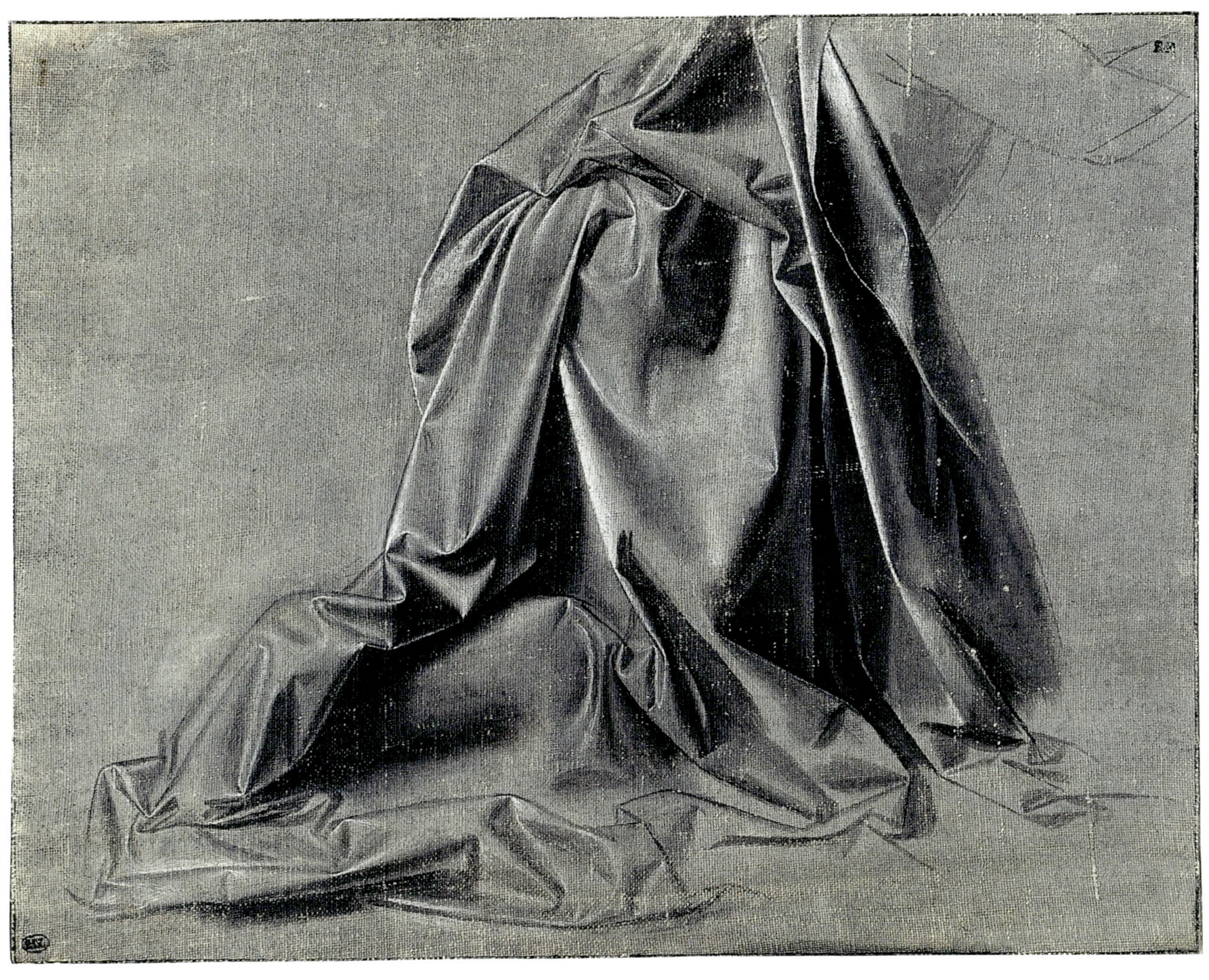

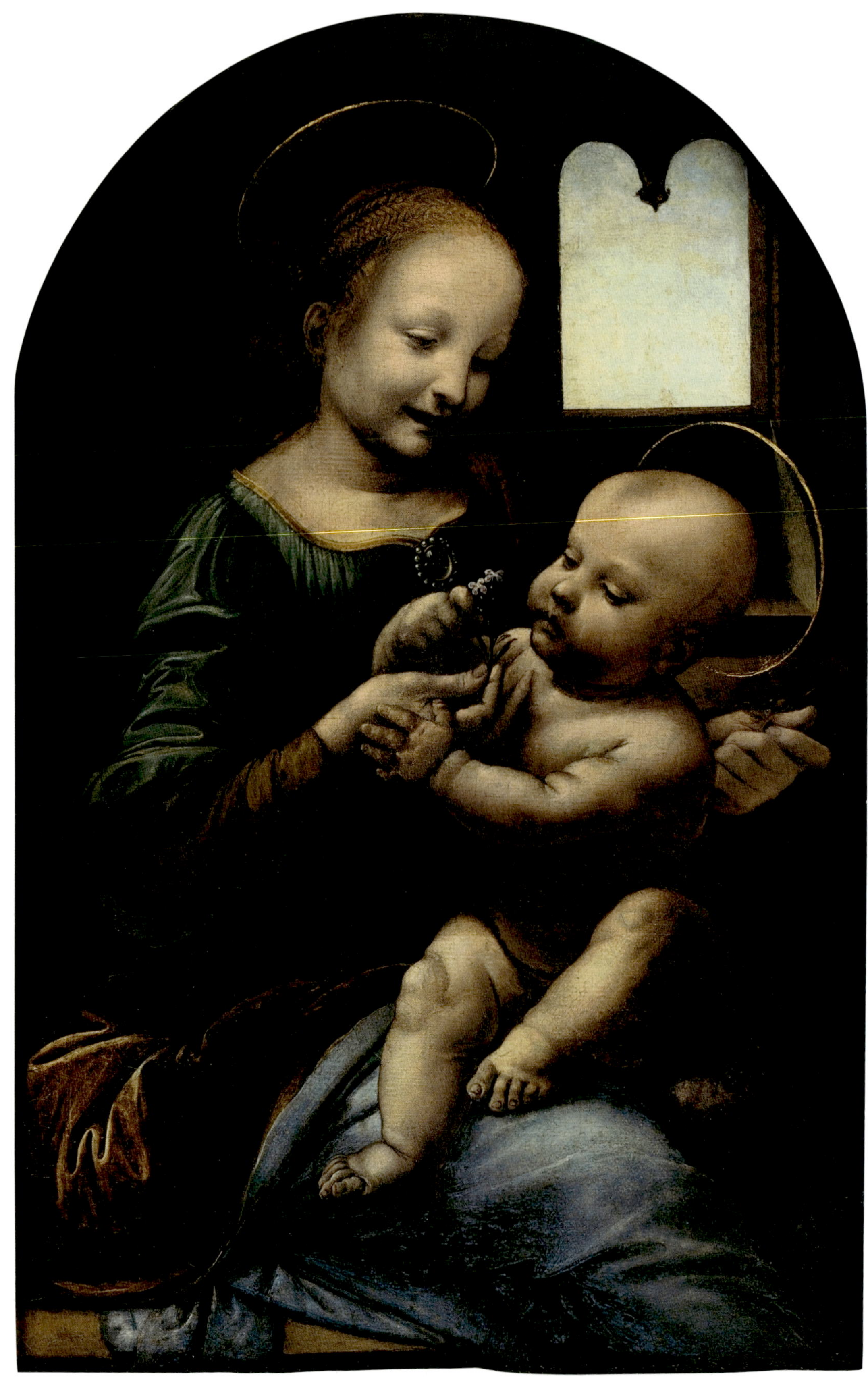

L'*Annonciation* n'est pas unanimement attribuée à Léonard. Le seul fait sur
lequel les chercheurs sont d'accord est que la composition du tableau rectangu-
laire, l'archange annonciateur Gabriel ainsi qu'une partie du paysage, sont de
la main de Léonard. Il existe effectivement une étude préliminaire du bras droit
de Gabriel par l'artiste (ill. p. 14). Les montagnes bleuissantes dans la brume
matinale du paysage de l'arrière-plan évoquent aussi la facture du jeune peintre
florentin, qui reprendra souvent ce thème dans ses œuvres ultérieures. On
remarque particulièrement ici la virtuosité dont fait preuve le peintre avec des
éléments comme l'eau, l'air et la lumière qui forment à l'arrière-plan une atmosphère de plus en plus dense autour des contreforts escarpés des chaînes de collines et de cimes aux traits alpins. Léonard décrira plus tard des phénomènes
identiques à plusieurs endroits de son traité de la peinture, quand il mentionne
par exemple le charme particulier de la montagne et de la mer réunis à l'horizon : « De tels horizons apportent à la peinture une grande beauté dans l'aspect.
Il faut bien entendu mettre en place des deux côtés quelques montagnes qui se
confondent les unes derrière les autres, avec des couleurs en dégradés, comme
l'exige la disposition du dégradé des couleurs à de grandes distances (fol. 283v). »

Les liens étroits entre Léonard et son maître se manifestent aussi dans *La
Madone à l'œillet* de la Alte Pinakothek de Munich (ill. p. 6), une Vierge de
petit format, reconnue comme étant la première œuvre autonome de l'artiste.
Le tableau a sans doute encore été réalisé à l'époque où le peintre était chez
Verrocchio ; on y reconnaît des éléments de la peinture flamande primitive,
tels les petites colonnes du plan intermédiaire et le paysage de l'arrière-plan.
Mais on y observe aussi nettement – dans la représentation de la Vierge et
de l'Enfant Jésus – les formules de composition en vigueur dans l'atelier de
Verrocchio. Ces madones, objets de dévotion privés et destinés à décorer les
foyers, constituaient un genre largement répandu à Florence au 15e siècle.
À côté de la relation emplie de tendresse entre Marie et son enfant, Léonard
représente les croyances chrétiennes à l'aide du langage symbolique, communé-
ment utilisé dans ce genre de tableaux : c'est avec des mouvements maladroits
de sa petite main encore peu exercée, que l'Enfant Jésus essaie d'attraper un
œillet rouge, symbole de la Passion, faisant déjà allusion dans cette représentation naïve de l'innocence, à la mort du Sauveur sur la croix. Le vase de cristal,
rempli de fleurs en bas à droite, est également une allusion symbolique à la
pureté et à la virginité de Marie. Par ailleurs, les éléments difficiles à représenter, comme l'œillet et le vase de cristal, donnèrent à l'artiste la possibilité de
prouver son talent de manière particulièrement impressionnante. De même
le drapé sur les genoux de la Madone : réalisé magistralement, son coloris
intense anime le premier plan du tableau très sombre et peu dynamique.

Léonard a parfois dressé des petites listes de ses biens. Ces notes nous
permettent de déduire qu'il a réalisé plusieurs petits tableaux de madones au
cours de ses premières années à Florence. La preuve en est fournie par les
quelques tableaux conservés, ainsi que par plusieurs croquis (ill. p. 17). Ces
dessins manifestent, d'une part, le besoin du jeune artiste d'expérimenter sur
différents sujets les multiples possibilités des mouvements et des expressions
offertes par les formules picturales conventionnelles. D'autre part, il s'agit
aussi de purs produits de l'imagination qui, par l'intermédiaire du dessin,
permettent parfois des libertés développant une expression artistique sans
objet, peu opportunes dans le tableau.

L'influence des éléments de style flamand et des formules picturales que
Léonard reprend manifestement dans *La Madone à l'œillet* et plus tard dans

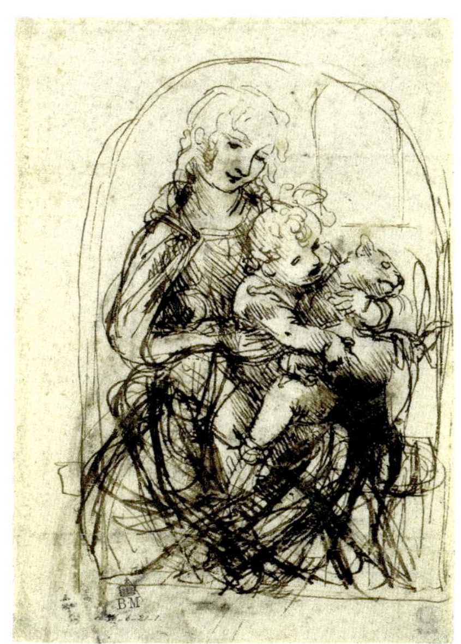

Étude pour une Madone au chat, vers 1478–80
Plume et encre sur dessin préalable
au stylet, 13,2 x 9,5 cm
Londres, British Museum

Madone Benois, vers 1478–80
Huile sur bois, transposé sur toile, 49,5 x 31 cm
Saint-Pétersbourg, Musée de l'Ermitage

Ce tableau doit son nom à l'un de ses anciens
propriétaires. Des couleurs plus sombres,
une composition différenciée de la lumière et
l'émotion particulière qui s'en dégage, et que
l'on retrouve dans les esquisses de Léonard sur
le même thème, le distinguent des madones
réalisées par d'autres artistes.

Portrait de Ginevra de' Benci, vers 1478–80
Huile et détrempe sur bois de peuplier,
38,8 x 36,7 cm
Washington D.C., National Gallery of Art,
Ailsa Mellon Bruce Fund, 1967

De par la technique picturale, la reproduction
minutieuse de la nature et la composition,
ce portrait est inspiré par les anciens maîtres
flamands. Le thème en est manifestement le
rapport entre la beauté féminine et la vertu.
Le bas du tableau coupé montrait peut-être
les mains de Ginevra.

l'*Adoration des mages*, se retrouve de manière encore plus prononcée dans le portrait de Ginevra de' Benci. Ce tableau est le premier point de repère véritable dans l'œuvre picturale de Léonard. C'est en effet le premier tableau de sa main qui puisse être mis en rapport avec une situation documentée. Il s'éloigne beaucoup plus des représentations conventionnelles de l'atelier de Verrocchio que les tableaux religieux, et c'est aussi le premier tableau « profane » peint par l'artiste. La caractéristique la plus évidente de ce petit format est l'agencement très serré de l'espace pictural. Ginevra de' Benci, placée près du bord du tableau, est assise devant un buisson de genévrier qui semble ceindre sa tête comme une couronne et dissimule la plus grande partie de l'arrière-plan. On retrouve ce genre de gros plan dans les portraits de la peinture flamande, telle qu'elle avait été créée une génération plus tôt par Jean Eyck, et popularisée par Hans

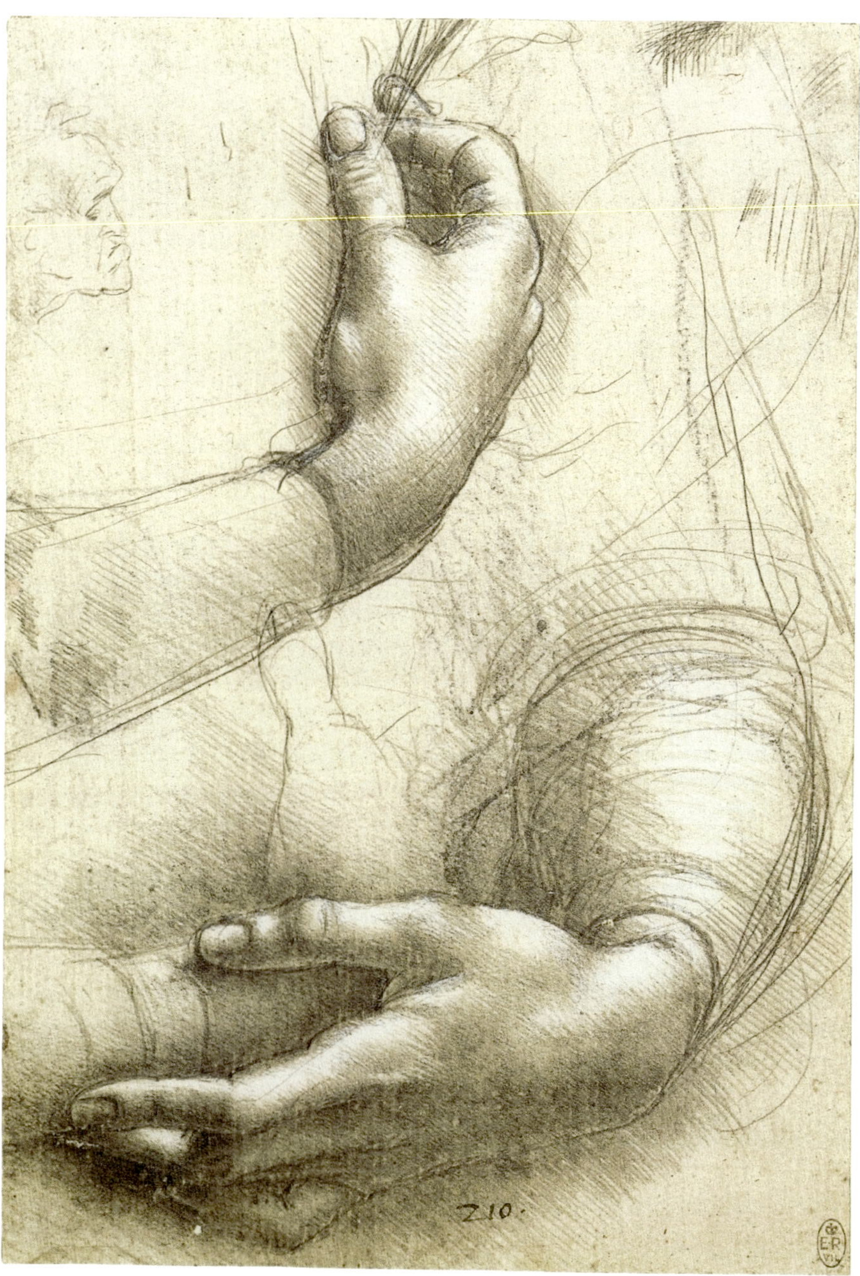

**Feuille d'étude avec des mains
et des bras**, vers 1478
Pointe de métal sur papier
(préparation rougeâtre), 21,5 x 15 cm
Windsor Castle, Royal Library

Des études de ce genre ont sans doute été
réalisées en corrélation avec des portraits.

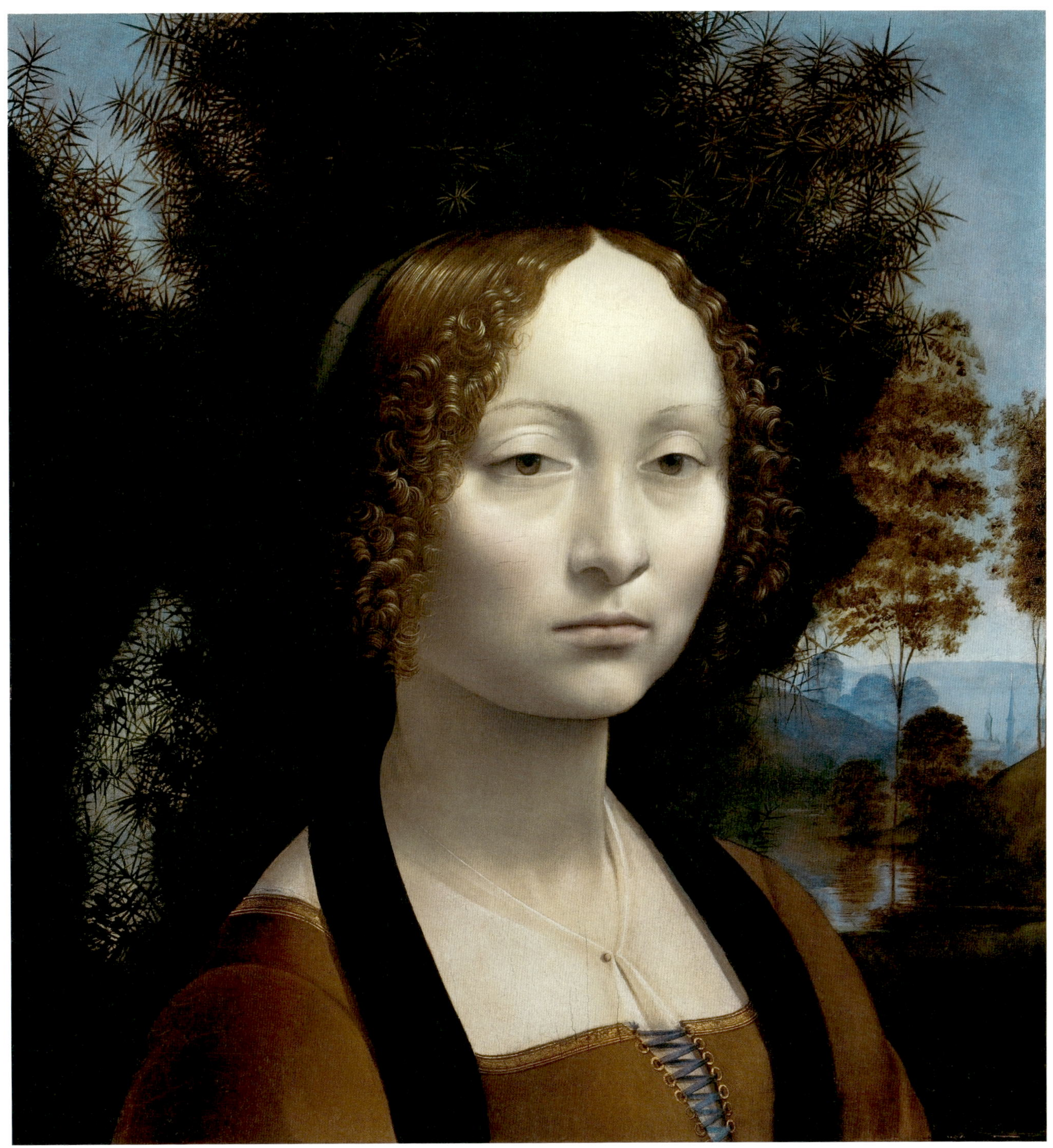

Memling. Le format du tableau découpé en bas sur le côté, ainsi que la représentation naturaliste du buisson de genévrier et la position du corps font penser aux modèles flamands. Le buste de Ginevra, légèrement de biais, contraste avec sa tête tournée presque entièrement vers le spectateur, de sorte que le personnage présente un certain dynamisme, malgré le manque d'expression de son visage. Le teint pâle et distingué de Ginevra est plus le fait d'un naturel maladif, notifié dans diverses sources que dû à des nécessités de composition.

Le buisson de genévrier du plan intermédiaire domine sans aucun doute le portrait de Ginevra, il est bien plus qu'un simple ornement. En effet, cette plante, comme quelques autres, symbolisait aussi la vertu féminine. En outre, le genévrier, en italien « ginepro », se rapporte au nom de Ginevra, représentée ici. Ces allusions se poursuivent dans un agencement complexe sur la face postérieure du tableau, qui est également peinte. On trouve ici sur une imitation de porphyre rouge, des rameaux de laurier, de genévrier et de palmier, rassemblés par une banderole entrelacée sur laquelle est inscrit en lettres majuscules VIRTVTEM FORMA DECORAT : « La beauté orne la vertu. » L'inscription, les plantes ainsi que l'imitation de marbre soulignent donc le lien entre la vertu et la beauté. L'imitation de porphyre rouge, très rare et solide, illustre la constance de la vertu de Ginevra au verso du tableau. Les branches de laurier et de palmier, qui entourent la banderole, sont en rapport avec la devise personnelle de Bernado Bembo, le commanditaire. La branche de genévrier, au milieu, qui s'est détachée d'une boucle de la banderole fait à nouveau allusion au nom de Ginevra ainsi qu'à ses vertus, telles la chasteté et la fidélité. Le laurier toujours vert fait en même temps référence aux aspirations poétiques de Ginevra, rapportées par Bembo et d'autres littérateurs. La feuille de palmier est en outre un symbole traditionnel de vertu. L'inscription VIRTVTEM FORMA DECORAT, si intimement liée aux plantes symboles de vertu, fait le lien entre la beauté et la vertu, lien qui a été autant traité dans la littérature contemporaine que sur le portrait, où la beauté de la jeune femme est aussi à interpréter comme l'expression de la vertu. Les faces antérieure et postérieure du portrait sont donc intimement liées du point de vue thématique.

Leonardo (?)
***Portrait de Ginevra de' Benci
(face arrière)**, vers 1478–1480*
Détrempe (et huile ?) sur bois
de peuplier, 38,8 x 36,7 cm
Washington D. C., National Gallery of Art,
Ailsa Mellon Bruce Fund, 1967

La peinture réalisée au dos reprend le
thème de la partie frontale ; l'épigraphe
souligne la relation entre la vertu et
la beauté : « La beauté orne la vertu. »

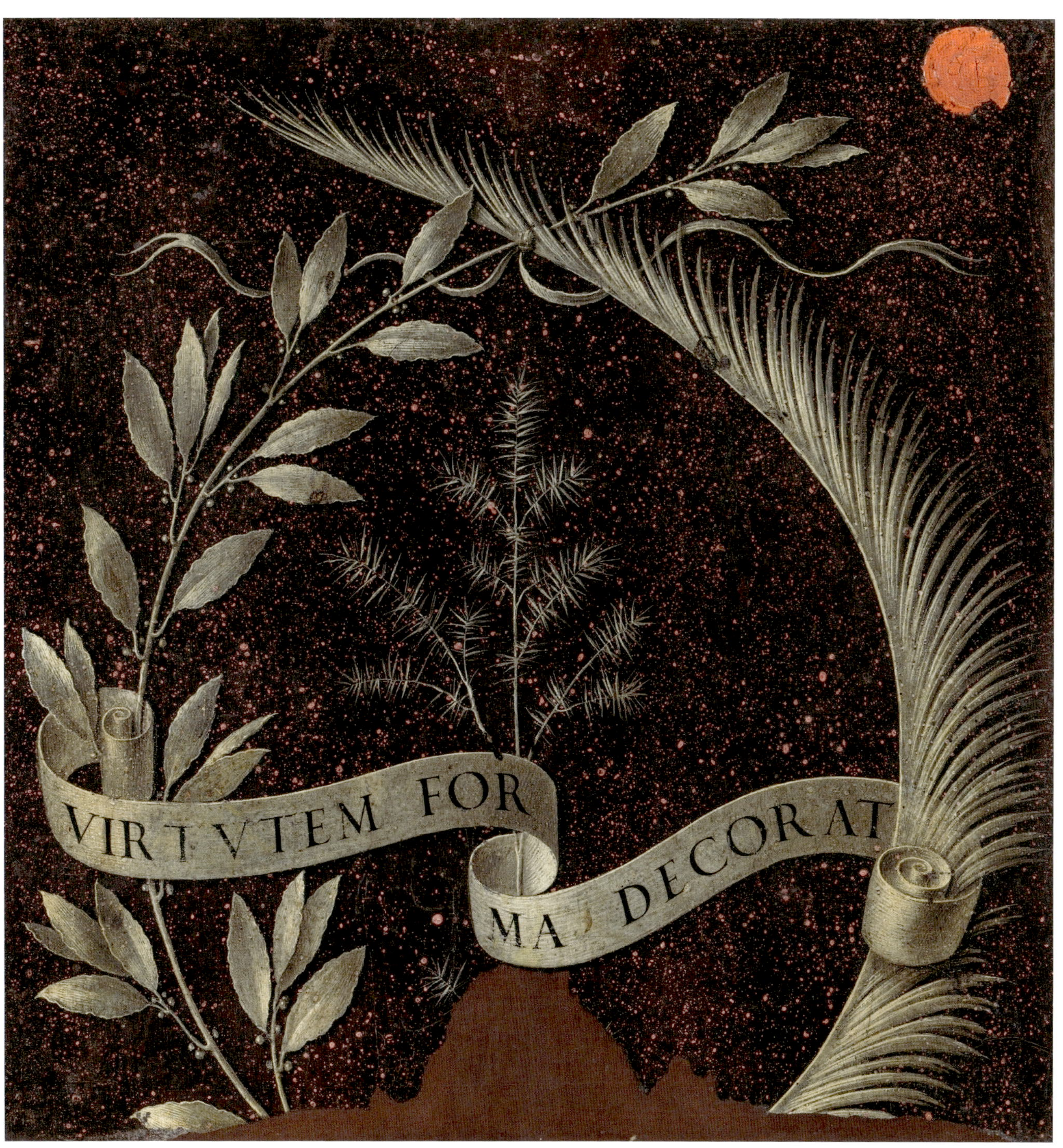
VIRTVTEM FOR
MA DECORAT

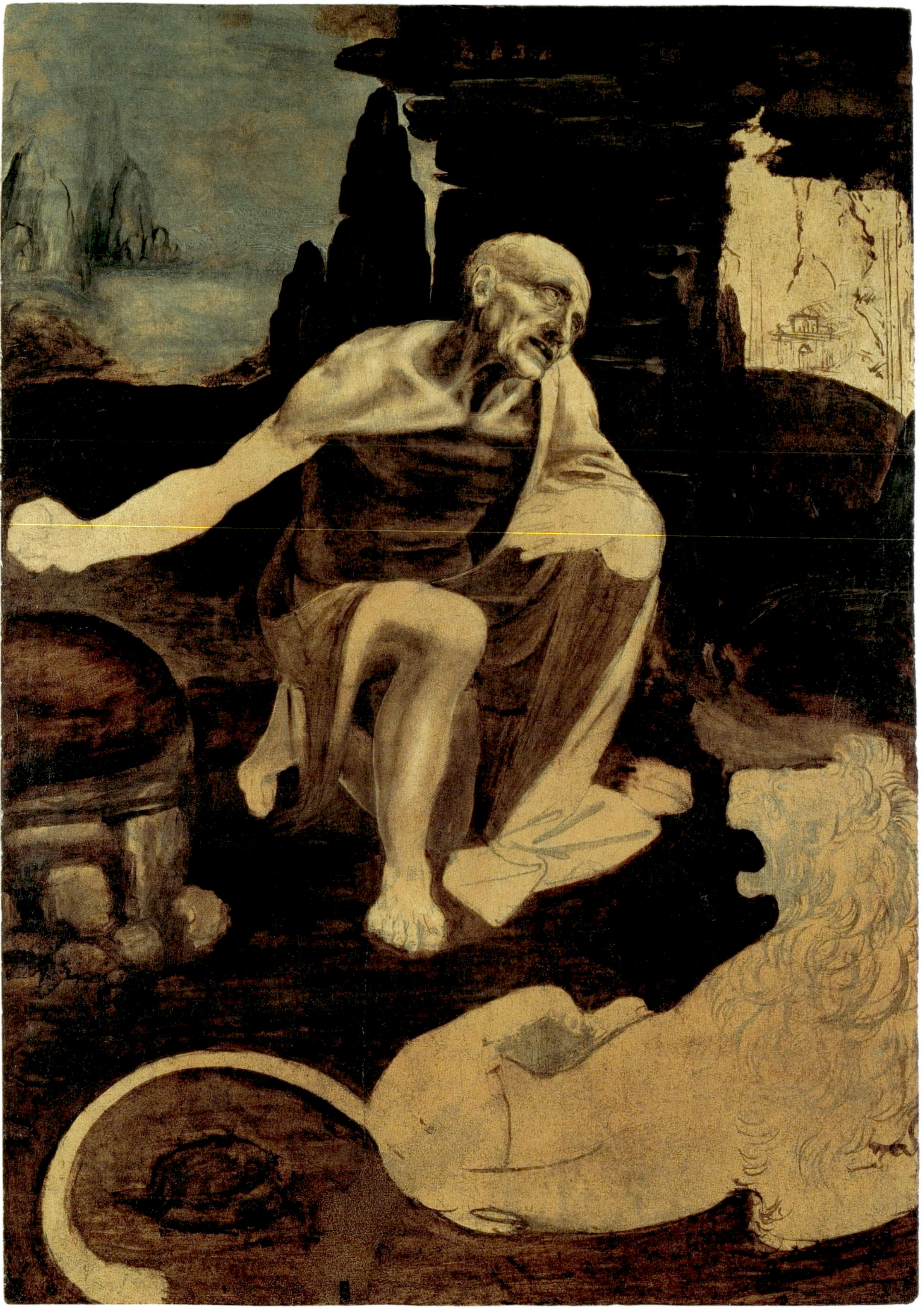

L'artiste et l'expérience de l'inachevé

Les premières œuvres de Léonard révèlent qu'il se limite à de petites commandes.
Le jeune artiste a apparemment eu des difficultés à se mettre efficacement
en scène sur le marché de l'art florentin. Il faut dire que les bons peintres ne
manquaient pas. Antonio del Pollaiuolo brillait grâce à d'importantes œuvres
commandées ; Sandro Botticelli était près d'atteindre l'apogée de sa création,
et Domenico Ghirlandaio, maître de Michel-Ange, possédait déjà un atelier
aux nombreuses ramifications, qui travaillait avec succès. Face à une telle
concurrence, le talent seul ne suffisait naturellement pas, encore fallait-il avoir
des accointances (qui peuvent toujours favoriser une carrière). Une première
tentative pour mettre ses relations en œuvre afin d'obtenir des commandes importantes date de l'an 1478. Léonard obtient la même année la commande du
retable destiné à la chapelle San Bernardo du Palazzo Vecchio, siège du gouvernement de la ville florentine. On peut supposer que le père de Léonard, devenu
entre-temps un notaire respectable et qui avait déjà travaillé pour la Signoria,
a œuvré dans ce sens. Cependant, bien que l'artiste ait reçu l'avance importante
de 25 ducats-or trois mois après la commande, le tableau n'a jamais été achevé
(Beltrami, n° 10–11).

Même si Léonard n'a sans doute jamais commencé le tableau de la chapelle
San Bernardo, il semble qu'il se soit lentement établi en tant que peintre
vers la fin des années 1470. Il avait sans doute à cette époque commencé aussi
le retable de taille moyenne de saint Jérôme (ill. p. 22). Bien que resté inachevé,
ce tableau légèrement endommagé au fil des siècles, donne un aperçu de l'idée
initiale de Léonard. Le saint est représenté comme un pénitent dans le désert,
ici suggéré par un sobre paysage aux quelques formations de petits rochers.
Saint Jérôme, l'air douloureux, est agenouillé presque au centre du tableau ; sa
main gauche tournée vers le corps, touche l'ourlet de l'habit ouvert, alors que sa
main droite tient une pierre et s'apprête à porter un coup. On reconnaît sur la
poitrine maigre et osseuse, un endroit plus sombre près du cœur – sans doute
une blessure sanglante que le saint s'est faite en pénitence. Un lion allongé juste
devant saint Jérôme – son animal domestique et attribut, parce qu'il lui avait
enlevé une épine de la patte – semble assister aux événements, la gueule béante.
Le saint lui-même regarde, de manière presque imperceptible, un crucifix érigé
parallèlement au bord droit du tableau. Il met ainsi sa propre souffrance de
pénitent en relation avec la Passion du Christ et donc la souffrance du Messie.

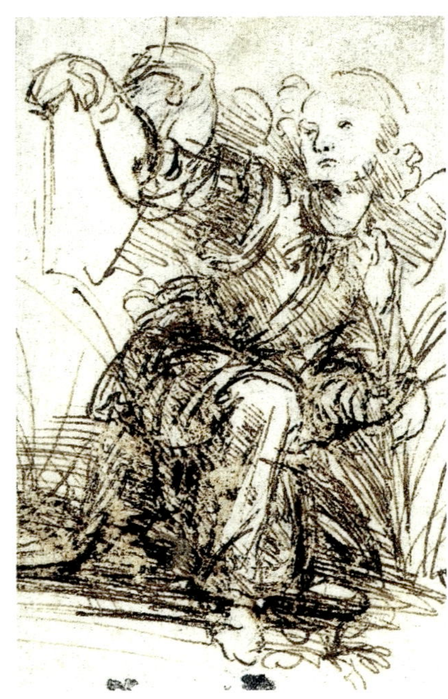

Étude pour un ange agenouillé, vers 1480–83
Plume et encre, 12,5 x 6 cm
Londres, British Museum

L'esquisse pleine de vie se réfère à un modèle
de personnage agenouillé qui servait pour les
exercices dans les ateliers d'artistes.

Saint Jérôme, vers 1480–82
Huile et détrempe sur bois de noyer,
102,8 x 73,5 cm
Rome, Pinacoteca Vaticana

Le tableau, sans doute prévu pour parer l'autel
de La Badia à Florence, est resté inachevé. Il
représente saint Jérôme faisant pénitence dans
le désert.

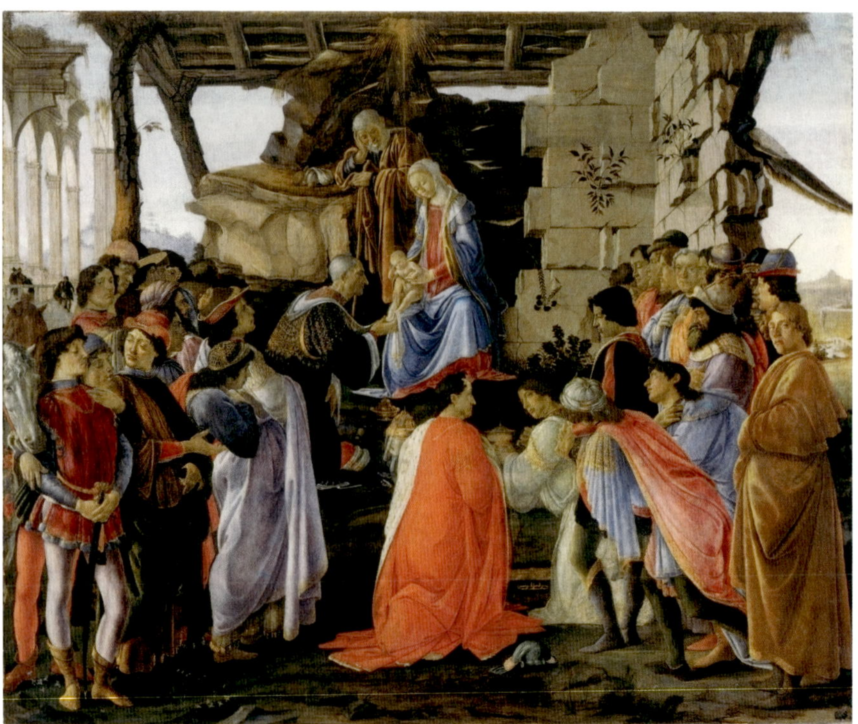

Sandro Botticelli
**Adoration des Mages de
Gaspare del Lama**, vers 1472–75
Détrempe sur bois, 111 x 134 cm
Florence, Musée des Offices

Léonard s'est certainement inspiré de la
disposition des personnages au premier
plan pour son *Adoration des Mages*.

Dans sa conception de saint Jérôme, Léonard formule des idées artistiques
qui l'occuperont plus tard aussi du point de vue théorique et « scientifique ».
Le personnage correspond tout d'abord au genre le plus simple de motif « en
mouvement » que l'on étudiait alors dans les ateliers d'artistes : l'orant. Des figu-
rines en terre ou en bois servaient de modèle aux exercices de dessin des ap-
prentis. En outre, Léonard thématise avec saint Jérôme des idées plus avancées.
Dans l'expression de la souffrance du saint se reflètent les idées contemporaines
concernant la physionomie et la physiologie, que l'artiste mettra sur papier et
qu'il développera dans les années qui suivront. On peut déjà aussi reconnaître,
dans la représentation des muscles et des tendons des épaules et du cou, l'intérêt de Léonard pour l'aspect anatomique du corps humain.

Léonard a sans doute reçu sa commande la plus importante alors qu'il réalisait *Saint Jérôme* : il s'agissait de peindre une *Adoration des Mages* sur le grand
retable du maître-autel de San Donato à Scopeto, église d'un couvent augustin
aux portes de la ville. L'importance de cette commande a sans doute poussé
l'artiste à ne pas terminer le tableau plus petit de saint Jérôme. Le père de
Léonard, administrateur du couvent de San Donato, a certainement été à l'ori-
gine de la commande de l'*Adoration des Mages* passée en mars 1481, (Beltrami
n° 16). Léonard laissera aussi un an plus tard cette œuvre inachevée, ce qui est
sans doute lié à son départ pour Milan.

Bien que cette *Adoration*, de format presque carré, soit restée inachevée,
la structure de la composition de Léonard est très reconnaissable dans ses éléments fondamentaux. Marie, l'Enfant Jésus sur les genoux, est assise au centre
du premier plan devant une petite colline rocheuse, sur laquelle poussent
deux arbres. L'Enfant Jésus reçoit les hommages des rois mages venus d'Orient,
guidés par l'étoile de Bethléem. À droite au premier plan, l'un d'eux, sans doute
Balthasar, est tombé à genoux, plein de respect, recevant la bénédiction de

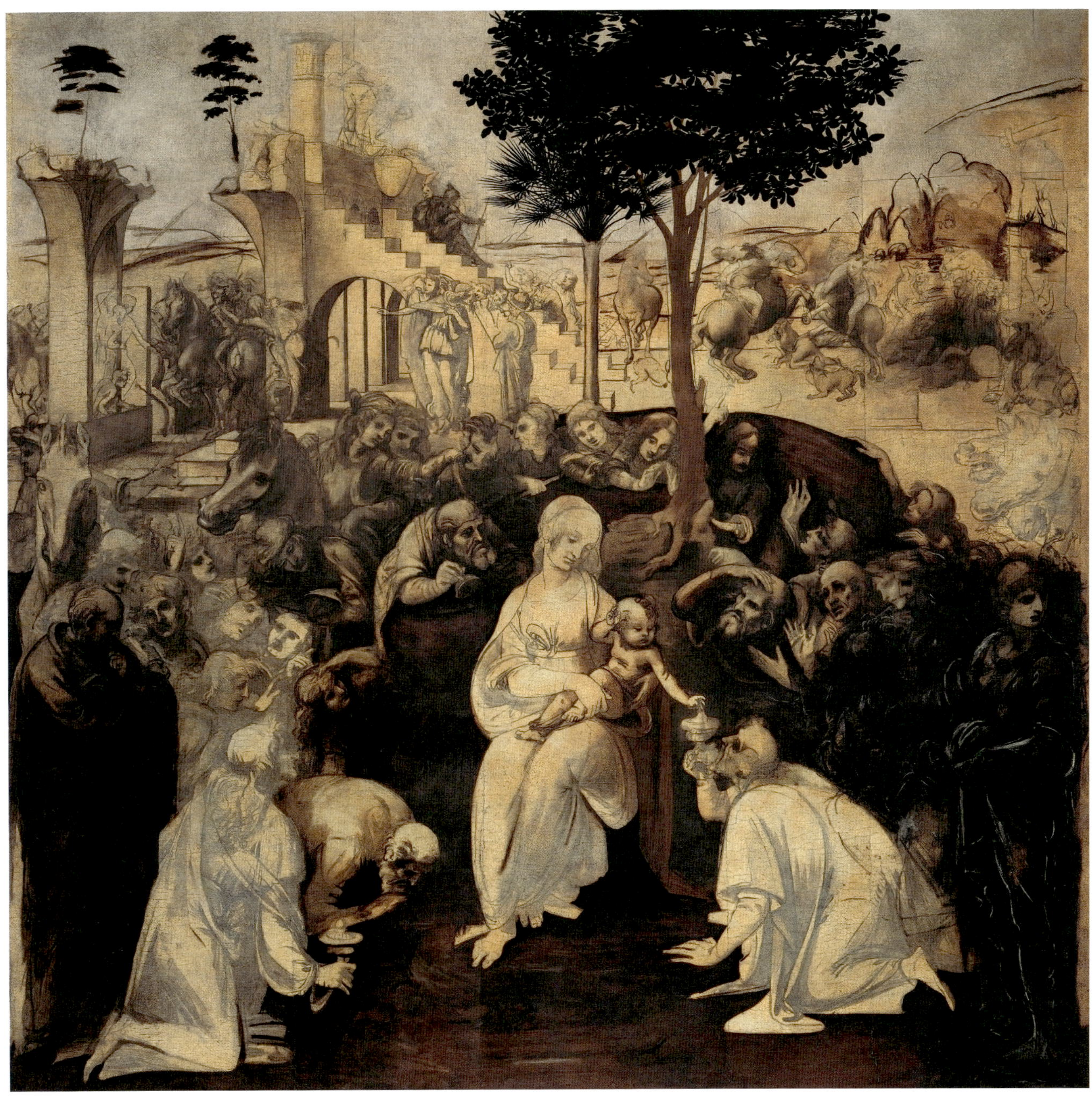

l'Enfant Jésus; il lui remet son cadeau, un vase d'encens. Sur le côté gauche,
un deuxième roi, Gaspard, s'est incliné profondément devant Marie et l'enfant.
Melchior, le plus jeune, est probablement représenté par la figure qui relève la
tête, devant à gauche. De nombreux autres personnages se groupent en demi-
cercle autour de la Vierge Marie, dont Joseph (le vieil homme à gauche, ou le
vieillard barbu derrière la Madone), ainsi que d'autres personnes de la suite
royale. Les nombreux mouvements et gestes différents des personnages représentés sont frappants. La plupart vouent leur pleine attention au groupe central
formé par la mère et l'enfant, d'autres désignent une apparition dans la partie
supérieure du tableau, sans doute l'étoile de Bethléem, astre que l'on retrouve

Adoration des Mages, 1481/82
Huile sur bois, 243 x 246 cm
Florence, Musée des Offices

L'Enfant Jésus reçoit des mains du deuxième
roi une coupe d'encens, symbole de sa Passion
future. L'encens renvoie aussi à la répétition
symbolique du sacrifice du Christ pendant la
messe célébrée devant l'autel.

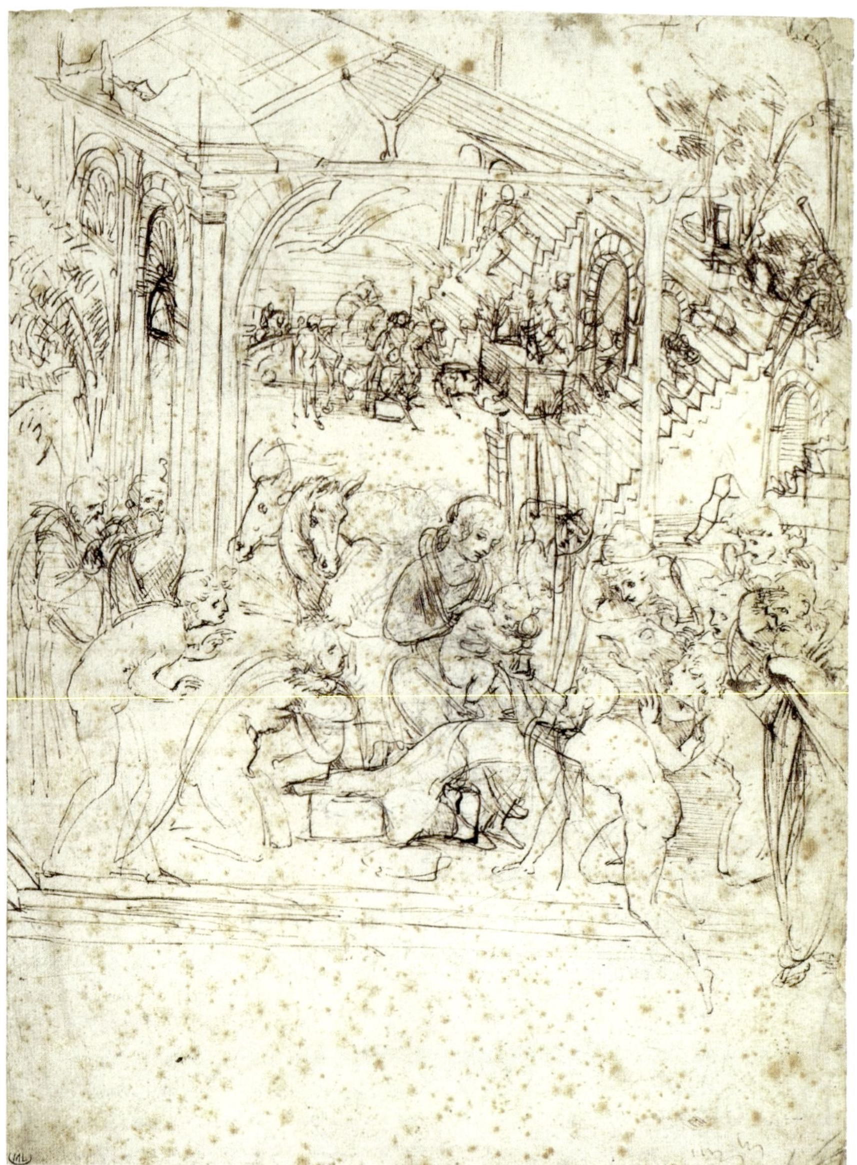

dans l'*Adoration des Mages*, réalisée peu de temps auparavant par Sandro
Botticelli (ill. p. 24). De l'*Adoration des Mages* de son aîné, Léonard a repris
la formation en demi-cercle des personnages du premier plan.

Alors que les personnages du premier plan se groupent autour de la Madone
et de l'Enfant Jésus, les personnages et les animaux de la suite des rois mages
se dispersent à l'arrière-plan. Comme sur beaucoup d'autres *Adoration des
Mages*, les ruines du palais de David apparaissent ici en référence au roi David,
un précurseur du Christ dans l'Ancien Testament. Les jeunes arbres poussant
sur les ruines correspondent aux deux arbres du groupe de Marie et du Christ
et symbolisent une ère nouvelle, celle de la paix et de la grâce, qui commence
avec la naissance du Christ. Le plus grand des deux arbres du centre s'agrippe
avec ses racines au sol stérile de la colline rocheuse ; l'une d'elles semble relier
l'arbre et la tête de l'Enfant Jésus. Ce lien illustre peut-être l'histoire de l'Adoration, telle que l'interprète *La Légende dorée*, populaire à l'époque. En fait, les

rois mages n'auraient pas vu une étoile mais cinq, et la cinquième serait le
Christ lui-même, qu'il faut interpréter comme la « racine et la lignée de David »
(ed. Benz p. 108). Enfin, les deux chevaux qui se cabrent à l'arrière-plan à droite
et dont l'attitude évoque au premier regard un combat de cavaliers, devraient
se référer à une autre légende du Moyen Âge qui rapporte que les rois mages
auraient été autrefois des ennemis acharnés. Ce ne serait qu'après leur voyage
extraordinaire, et après avoir été témoins de la Nativité, qu'ils auraient fait la
paix comme le reste du monde. L'affrontement brutal des chevaux à l'arrière-
plan fait allusion à cette ancienne inimité, qui contraste avec l'ère de paix, thé-
matisée au premier plan par la scène de l'Adoration. En séparant nettement
dans le tableau le premier et l'arrière-plan, Léonard différencie la période qui
précède l'arrivée du Seigneur, et l'époque de grâce qui voit le jour avec la naissance de Jésus, et son adoration par tous les peuples.

*Étude de perspective pour l'arrière-plan
de l'Adoration des Mages*, 1481
Plume, encre, traces de pointe de métal
et rehauts de blanc, 16,5 x 29 cm
Florence, Musée des Offices,
Cabinet des dessins et des estampes

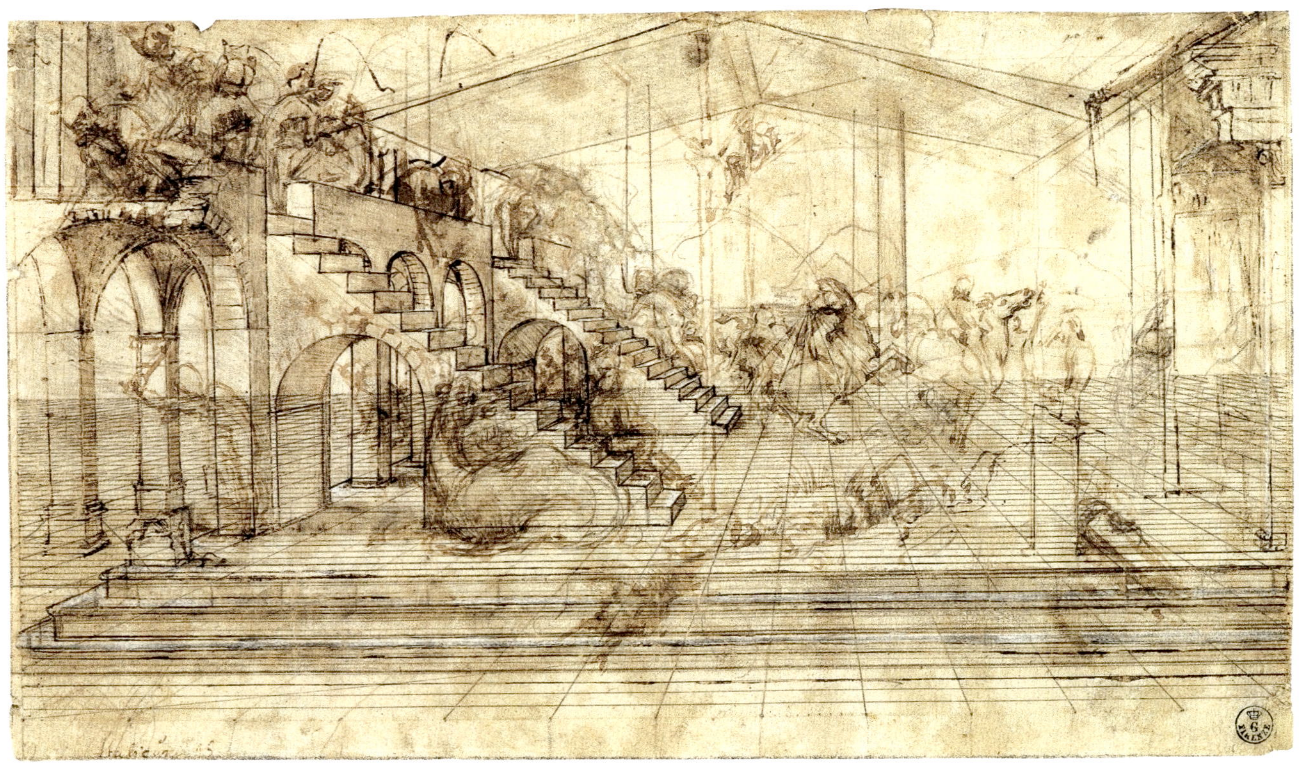

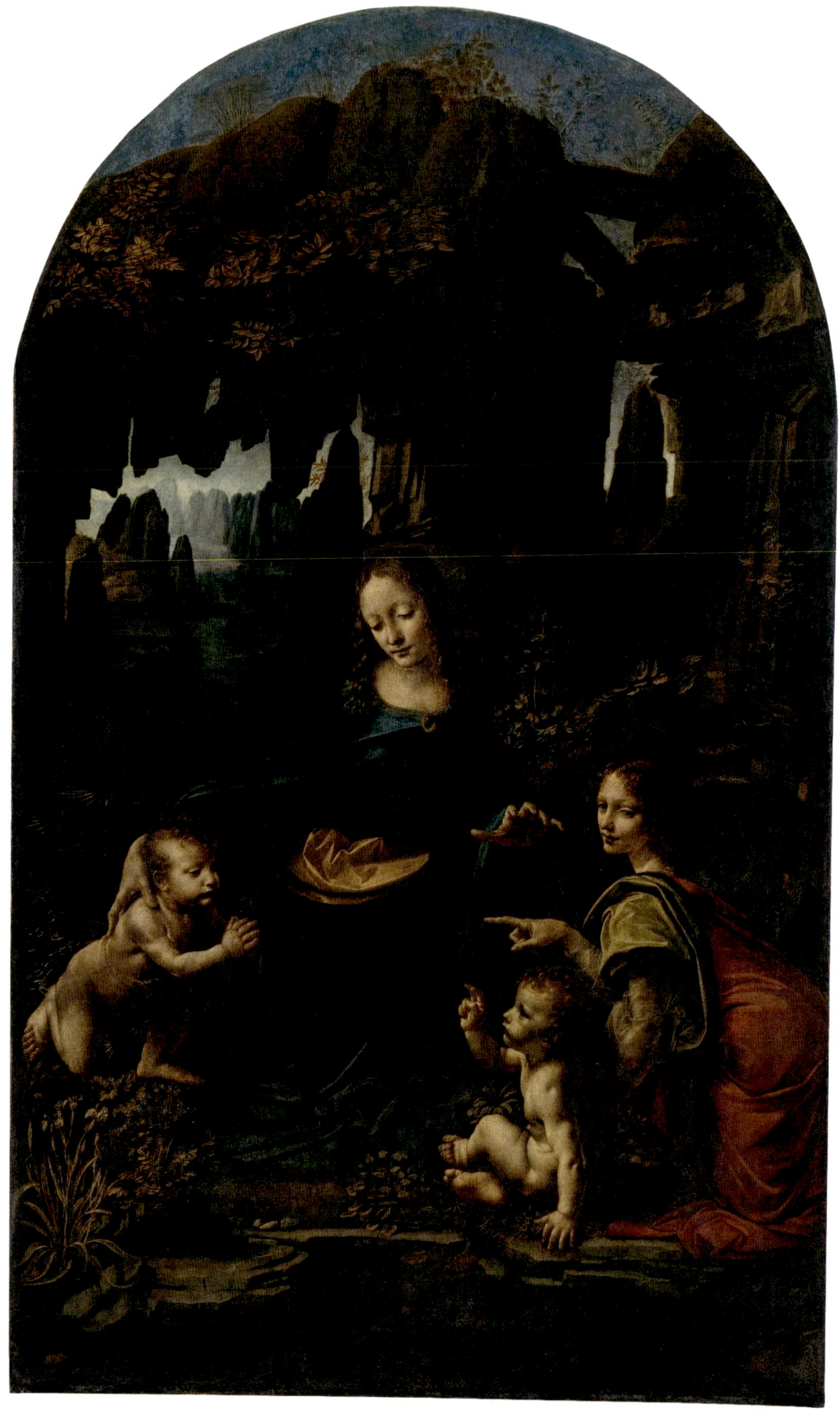

Le renouveau artistique à Milan

Lorsque vers la fin de 1482 ou début 1483, Léonard, alors âgé d'une trentaine d'années, se rend à Milan pour tenter de relancer sa carrière, il laisse inachevée son *Adoration des Mages.* On ne peut que supposer les raisons de son départ de Florence. Sans doute espérait-il obtenir à Milan, l'une des plus importantes métropoles européennes, des commandes plus conséquentes que celles qu'il avait eues jusqu'à présent à Florence. En premier lieu, il y avait la possibilité de réaliser un projet prestigieux lancé par Ludovic le More, duc de la ville, qui désirait une statue équestre, plus grande que nature et coulée en bronze, représentant Francesco Sforza. C'est à ce projet, destiné par Ludovic au souvenir de son père Francesco Sforza et à sa propre gloire, que Léonard fait référence lorsqu'il rédige, sans doute en 1482 ou 1483, sa célèbre candidature à la Cour de Milan. Léonard souligne tout d'abord dans cet écrit, ses qualités sur le plan des techniques de guerre. Ce n'est qu'en dernier lieu qu'il fait remarquer, subrepticement au passage « ... je puis exécuter de la sculpture, en marbre, bronze ou terre cuite ; de même en peinture, mon œuvre peut égaler celle de n'importe qui ». Léonard escomptait manifestement un emploi d'ingénieur militaire, « maître et inventeur de machines de guerre » ; en effet, Ludovico Sforza, à l'instar d'autres despotes de son époque, était toujours mêlé à des conflits.

Il semble que la lettre verbeuse adressée à Ludovic n'ait pas atteint son but. En effet, c'est d'une confrérie milanaise de l'église des Franciscains, San Francesco Grande, et non de la Cour, que Léonard a obtenu sa première commande. Cette confrérie lui passa commande, ainsi qu'aux frères de Predis, des peintres de la région, d'un grand retable pour la chapelle qui venait d'être achevée. Cette chapelle était consacrée à l'Immaculée Conception. Le texte détaillé du contrat prescrivait aux artistes la peinture et la dorure d'un grand retable (v. schéma p. 30) réalisé par un menuisier en 1482, et dont le tableau central fut peint par Léonard. Ce panneau central existe en deux versions. Le plus ancien se trouve aujourd'hui au Louvre à Paris, le second à Londres, à la National Gallery (ill. p. 31) qui abrite aussi les deux volets sur lesquels Ambrogio de Predis, collègue de Léonard, a peint deux anges musiciens. Plusieurs reliefs accompagnés de scènes de la vie de la Vierge complètent le devant du retable monumental, alors que quelques prophètes et Dieu le Père composent la partie supérieure. Une niche, au centre du retable, abrite l'Immaculée Conception proprement dite, une sculpture en bois de Marie avec l'enfant. Le tableau la *Vierge aux rochers*

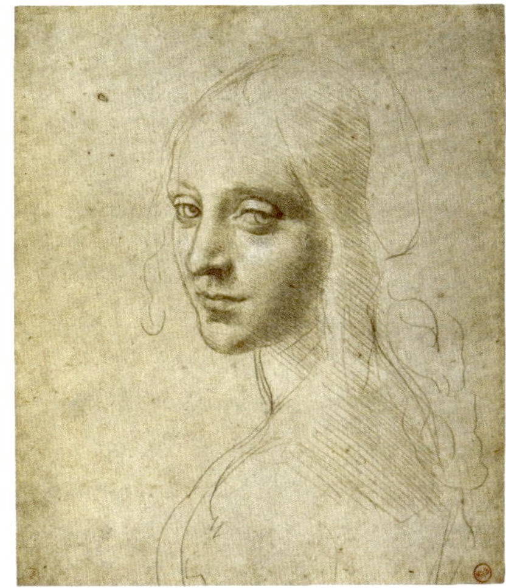

***Étude pour la tête d'une jeune fille**, vers 1483
Mine d'argent sur papier
(préparation brunâtre), 18,2 x 15,9 cm
Turin, Biblioteca Reale

Le mouvement de la tête et le sourire ont servi de modèle à Léonard pour l'ange de la *Vierge aux rochers*.

***Vierge aux rochers (La Vierge,
l'Enfant Jésus, saint Jean Baptiste
enfant et un ange)**, 1483–84/85
Huile sur bois, reporté sur toile, 197,3 x 120 cm
Paris, Musée du Louvre

La première œuvre picturale de Léonard à Milan faisait partie d'un grand retable réalisé pour la Confrérie franciscaine de l'Immaculée Conception.

*Vierge aux rochers (La Vierge,
l'Enfant Jésus, saint Jean Baptiste
et un ange)*, 1495–99 et 1506–08
Huile sur bois de peuplier
(parqueté), 189,5 x 120 cm
Londres, The National Gallery

Sur la deuxième version de la *Vierge aux
rochers*, réalisée pour remplacer la première
vendue entre-temps, Léonard ajoute les
auréoles et le bâton, attribut de Jean.

Reconstitution graphique du retable de la
Vierge aux rochers d'après Malaguzzi-Valeri

La *Vierge aux rochers* formait le panneau
central d'un grand retable. Elle était flanquée
de deux tableaux montrant des anges. Des
représentations en relief avec des épisodes de
la vie de Marie et des sculptures de prophètes
complétaient l'ensemble.

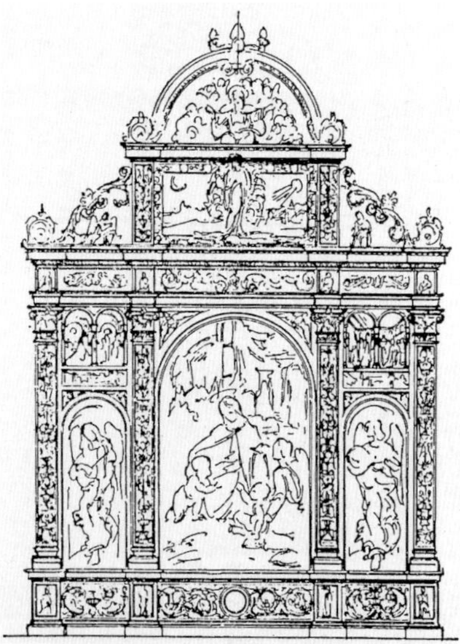

de Léonard était placé devant cette niche et cachait 364 jours par an la statue de la Madone. Le 8 décembre, fête de l'Immaculée Conception, on descendait le tableau de Léonard à l'aide d'un mécanisme coulissant, mettant ainsi au jour la statue qui pouvait être vénérée. La *Vierge aux rochers* de Léonard servait donc certainement de « tableau de couverture », derrière lequel était dissimulé l'objet de dévotion proprement dit.

Léonard représente la Vierge Marie avec Jean Baptiste enfant, le Christ et un ange dans une grotte ou devant celle-ci ; c'est à cette particularité que le tableau doit son nom de *Vierge aux rochers*. Marie, qui semble très jeune, est enveloppée dans un habit bleu foncé et est assise ou agenouillée presque au centre du tableau. Elle observe avec tendresse le jeune Jean Baptiste en prière et entoure son épaule de la main droite, tandis que sa main gauche protectrice semble planer au-dessus de l'Enfant Jésus assis. La scène est flanquée d'un ange, sans doute Uriel, qui, du moins dans la version de Paris, sourit légèrement, le regard dirigé vers le spectateur (ill. p. 28). Uriel, considéré comme le protecteur de Jean Baptiste, pointe le doigt de sa main droite vers le jeune garçon en prière. Il soutient de sa main gauche l'Enfant Jésus assis devant lui, qui, avec un geste de bénédiction, est également tourné vers le jeune Jean Baptiste. Les personnages, de par leurs regards et leurs gestes, se réfèrent l'un à l'autre de manière complexe. Le personnage de l'ange fait entrer le spectateur dans ce tissu de relations.

Dans les deux versions de la *Vierge aux rochers*, le sol rocailleux près du premier plan du tableau, semble prendre fin abruptement. Léonard illustre ainsi l'isolement du lieu, souligné à nouveau au plan intermédiaire ainsi qu'à l'arrière-plan par des formations sauvages de rochers crevassés. À plusieurs endroits, ils font place à un paysage de montagnes baigné de lumière et de brume, ainsi qu'à une étendue d'eau. Dans la version du Louvre, une assez grande partie de ciel bleu domine le tableau. La lumière de l'arrière-plan, le scintillement de l'eau et la végétation clairsemée adoucissent l'atmosphère inhospitalière des lieux. Il en va de même de la lumière du premier plan, qui vient de gauche. On peut interpréter certains éléments dans un sens symbolique religieux : l'eau, ainsi que les perles et le cristal qui retiennent le manteau de Marie, seraient des signes de sa pureté. Ceci créerait aussi une relation avec l'Immaculée Conception, à laquelle était consacrée la chapelle où se trouvait la *Vierge aux rochers*. On peut aussi, peut-être, interpréter les formations rocheuses selon la symbolique mariale ; elles se référeraient à des modèles similaires des textes de prières – ce qui vaut peut-être aussi pour le tableau *Sainte Anne, la Vierge et l'Enfant Jésus* (ill. p. 64), réalisé ultérieurement. La mère de Dieu représenterait le rocher ne pouvant être fendu par la main de l'homme, et les roches inhospitalières, érodées par les forces naturelles, seraient une métaphore de Marie, une allusion à sa fécondité inattendue. En outre, le rocher fendu est considéré comme le refuge du petit Jean Baptiste et de l'Enfant Jésus.

Le jeune Jean Baptiste semble jouer un rôle remarquable dans le tableau de Léonard pour la confrérie de l'Immaculée Conception. En effet, sa présence est l'une des particularités iconographiques de la composition. Une rencontre entre Jean Baptiste et le Christ durant leur enfance est insolite. Les Saintes Écritures ne la mentionnent pas, mais les Évangiles apocryphes, textes non admis dans le canon biblique, rapportent que Marie et l'Enfant Jésus auraient rencontré Jean Baptiste dans le désert, lors de leur fuite en Égypte. Il est possible que la composition de Léonard – personnages en présence et lieu rocheux plutôt dépouillé – joue sur cet événement. Le sens profond de cette rencontre entre Jean Baptiste et le Christ, magistralement mise en scène dans un endroit peu accueillant, se

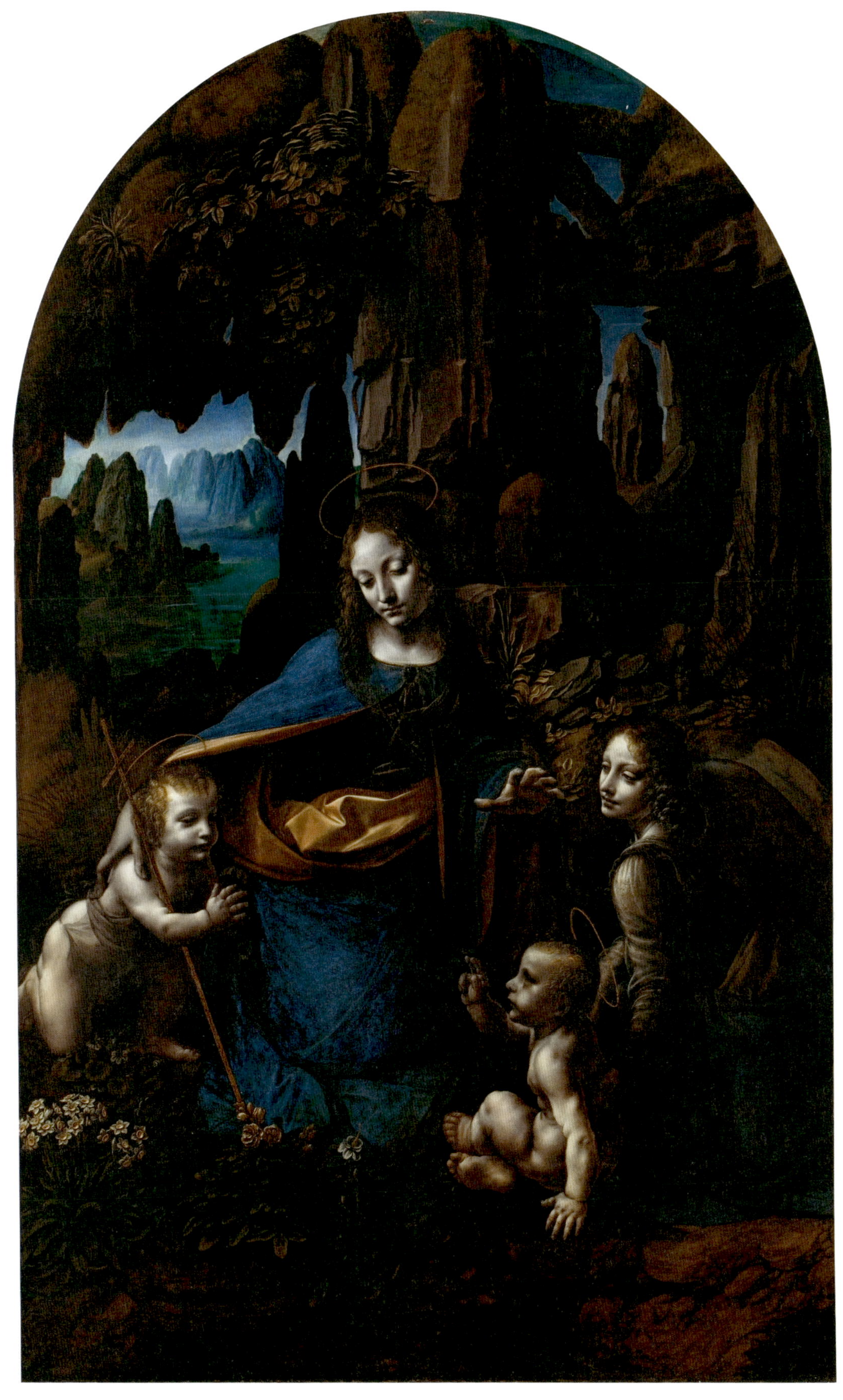

réfère aux conceptions religieuses des commanditaires. C'est une confrérie franciscaine qui avait passé commande du retable de la *Vierge aux rochers*; saint Jean Baptiste faisait partie de ses personnages de référence aux côtés du Christ et de saint François d'Assise. Ainsi, la confrérie donatrice pouvait-elle s'identifier avec le jeune Jean Baptiste qui adore l'Enfant; elle était bénie avec lui par le Christ et, elle aussi, sous la protection de la Vierge Marie. La confrérie était ainsi doublement présente, d'une part devant le tableau qui servait au recueillement et à la prière, mais aussi à l'intérieur du tableau sous la forme d'un personnage auquel elle pouvait s'identifier. En outre, Marie pose sa main sur Jean Baptiste et le couvre de son manteau; le garçonnet et les membres de la confrérie sont ainsi sous la protection de la Madone. L'idée de protection est concrétisée par le manteau de Marie posé sur les épaules de Jean Baptiste, ainsi que par l'aspect du lieu; en effet, le rocher était considéré au sens figuré, comme un lieu de refuge. C'est peut-être la raison pour laquelle Léonard a particulièrement soigné la représentation de l'arrière-plan rocheux et des vêtements. Le manteau de Marie atteint une dimension quasi monumentale et paraît – du moins dans la version du Louvre – correspondre au manteau d'Uriel qui semble gonflé par le vent. De la même manière, le paysage environnant entoure les personnages au premier plan comme s'il voulait les protéger.

La composition harmonieuse et l'agencement magistral de la *Vierge aux rochers* ne laissent évidemment rien paraître des démêlés juridiques compliqués et désagréables que Léonard et ses deux collègues durent subir après l'achèvement du retable. Il y eut une discussion acharnée à propos du paiement; les artistes menacèrent de vendre le tableau à un amateur d'art, qui apparemment leur offrait une somme plus élevée que celle que la confrérie était prête à débourser. C'est sans doute à la suite de cette dispute que fut réalisée la seconde version de la *Vierge aux rochers*, qui se trouve aujourd'hui à Londres et qui, au 16e siècle, décorait effectivement la chapelle de la confrérie de San Francesco Grande à Milan. La version plus ancienne a sans doute été vendue très tôt à un amateur d'art, peut-être Ludovico Sforza qui offrit le tableau à l'empereur Maximilien ou au roi de France (ill. p. 81).

Études pour une machine volante, 1487–90
Plume et encre, 23,2 x 16,5 cm
Paris, Bibliothèque de l'Institut de France

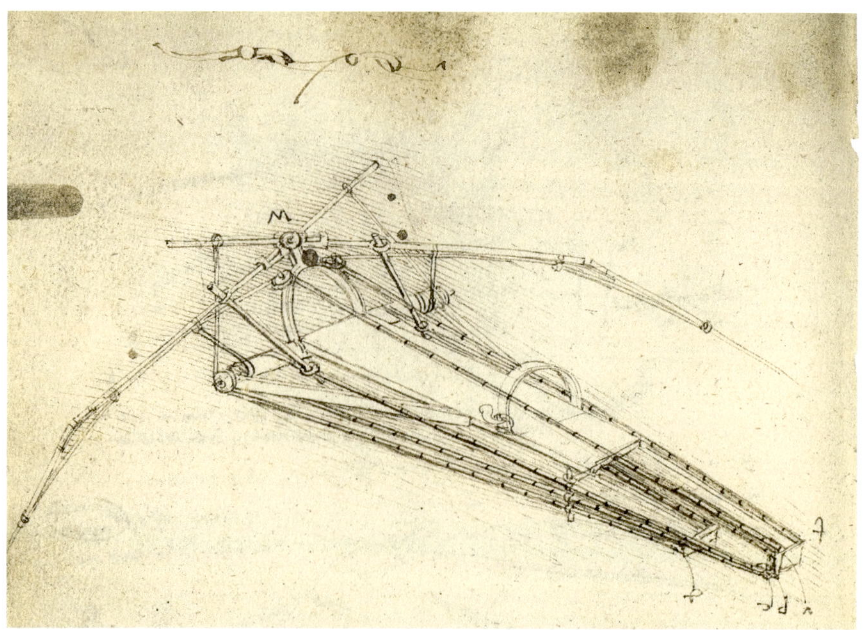

Si la *Vierge aux rochers* a certainement permis à Léonard de s'établir en tant que peintre à Milan, son rêve d'obtenir un emploi à la Cour, tel qu'il l'avait exprimé dans sa lettre à Ludovico Sforza, ne devait se réaliser que quelques années plus tard. On ignore encore à l'aide de quelles activités professionnelles Léonard a réussi à survivre financièrement à Milan au cours de la deuxième moitié des années 80. La seule chose que nous sachions avec certitude, c'est qu'il a réalisé à cette époque des projets de machines de guerre, en partie fantastiques et étranges. Il a dessiné des armes diverses, des fortifications, des systèmes complexes de défense, des machines de siège et autres. Font partie de ces curiosités des chars d'assaut massifs qui, en raison de leur poids, auraient eu peine à se mouvoir. Ses propositions visant à augmenter la puissance des feu de petits canons en les concentrant et en automatisant les chargeurs, apparaissent plus dangereuses. Quand à celles qui prévoyaient de doter les flancs de chariots tirés par des chevaux, de faux terrifiantes pour faucher l'ennemi comme un champ de blé, elles sont carrément cruelles (ill. en bas). Léonard a repris et dessiné plusieurs fois un de ces appareils tiré d'un traité militaire de 1472 de Roberto Valturio *De re militari*. Non sans ironie, il met en garde dans un document annexe, contre l'emploi de pareilles machineries qui nuiraient tout autant aux propres troupes qu'aux adversaires.

Léonard ne s'est heureusement pas limité à exercer son talent de dessinateur pour représenter des machines de guerre. Il a en même temps essayé d'être un expert dans le domaine de l'architecture, réalisé des études pour des bâtisses sacrées et s'est efforcé d'impressionner les maîtres du chantier de la cathédrale de Milan par ses projets architecturaux. L'artiste florentin a même reçu dans ce contexte, plusieurs petites sommes d'argent. Ses nombreuses esquisses pour les corps principaux du bâtiment sont beaucoup plus importantes que ces engagements, même si ses projets sont apparemment restés sans suite immédiate. Les dessins de Léonard, dans ce domaine, reflètent les discussions menées par les architectes vers la fin du 15ᵉ siècle concernant la construction sacrée sur un plan central. Ce n'est que vers la fin de la décennie que Léonard semble se consacrer à nouveau aux arts plastiques. Date peut-être de cette époque la

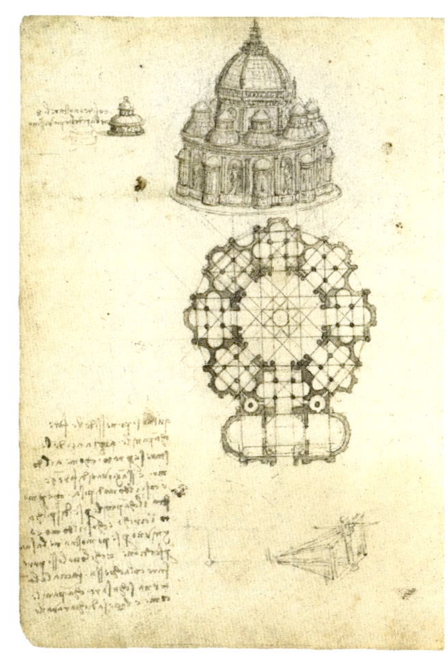

Études pour un édifice de plan centré, vers 1487–90
Plume et encre, 23,3 x 16,2 cm
Paris, Bibliothèque de l'Institut de France,
Codex Ashburnham 1875/1

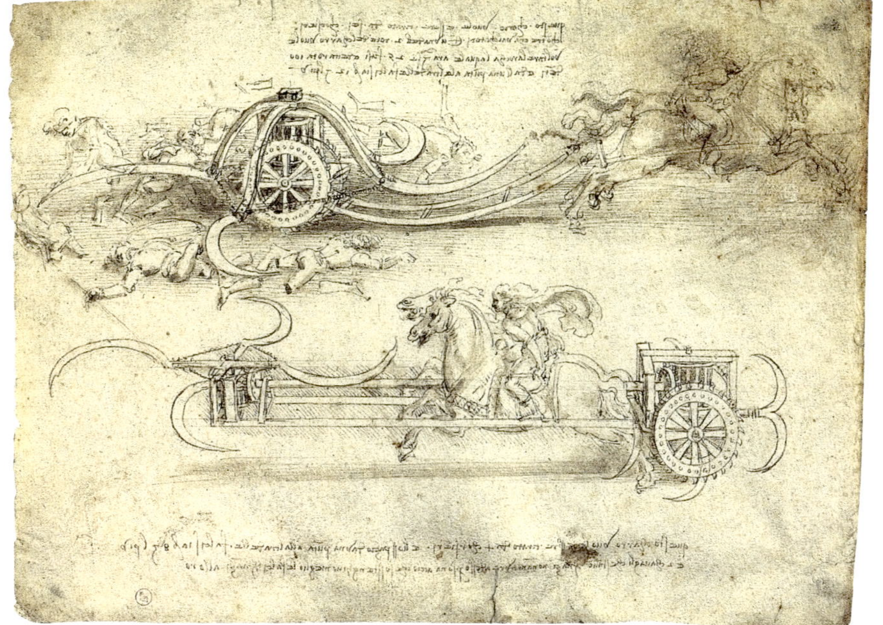

Char armé de faux, vers 1483–85
Plume et encre, 21 x 29 cm
Turin, Biblioteca Reale

Léonard illustre ici un char de combat d'après un traité contemporain sur la technique guerrière et met en garde contre cet engin qui peut être aussi dangereux pour les troupes que pour leurs adversaires.

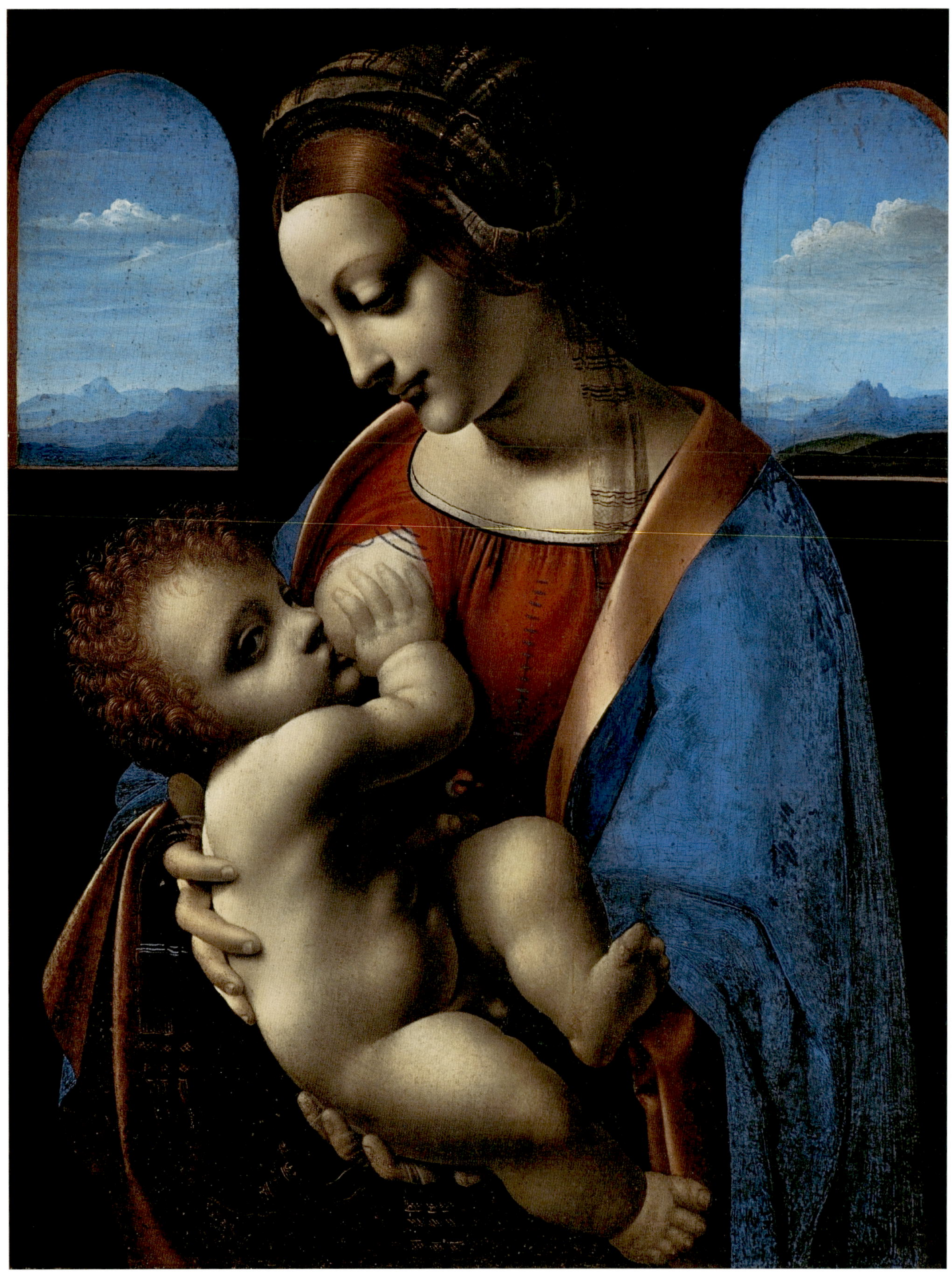

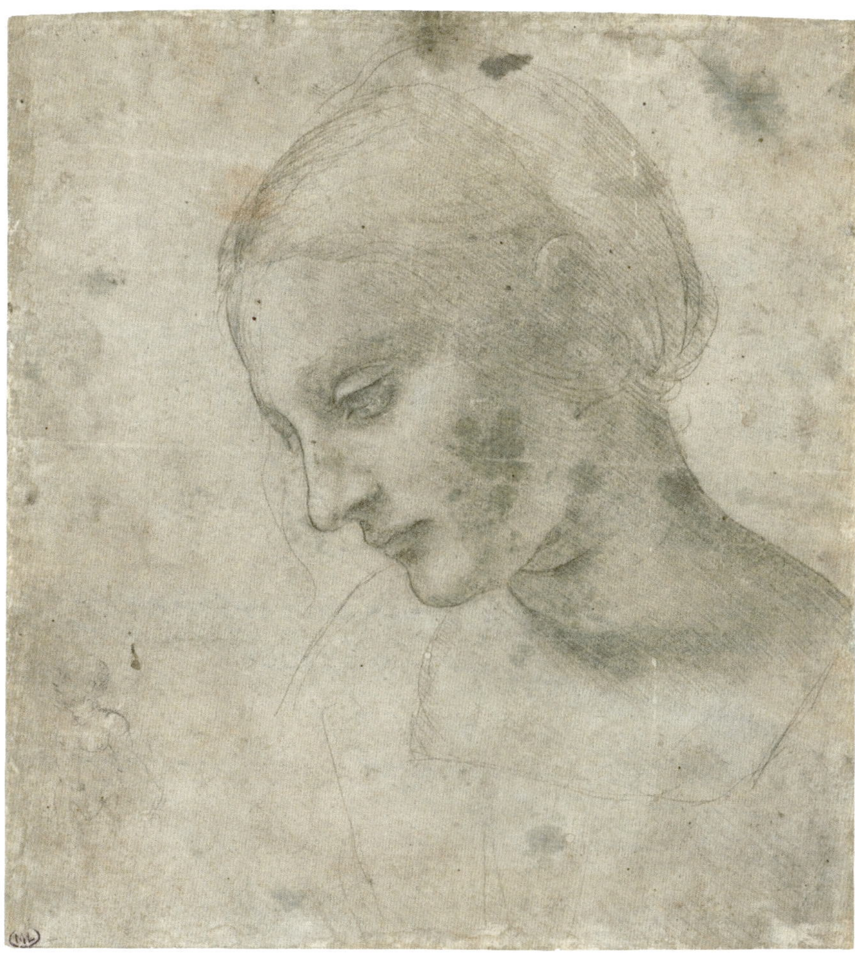

Madone Litta (ill. p. 34), un petit format représentant Marie et l'Enfant Jésus, dont l'attribution à Léonard reste controversée. Les contours rigoureux des deux personnages et l'arrière-plan, dont l'atmosphère est peu spectaculaire comparée à d'autres œuvres, laissent supposer que le maître a peut-être ici chargé un élève de réaliser ou d'achever le tableau. Une étude préliminaire authentifiée de Léonard pour la *Madone Litta*, prouve néanmoins sa participation directe au projet de ce tableau (ill. p. 35).

Étude d'une tête de femme, vers 1490
Mine d'argent sur papier
(préparation verdâtre), 18 x 16,8 cm
Paris, Musée du Louvre, Cabinet des dessins

Giovanni Antonio Boltraffio (?),
d'après un projet de Léonard
Madone Litta, vers 1490
Détrempe (et huile ?) sur bois,
transposé sur toile, 42 x 33 cm
Saint-Pétersbourg, Musée de l'Ermitage

L'attribution de cette Madone à Léonard reste controversée, même si l'existence d'une étude préalable au Louvre laisse au moins supposer une large participation de l'artiste à ce projet.

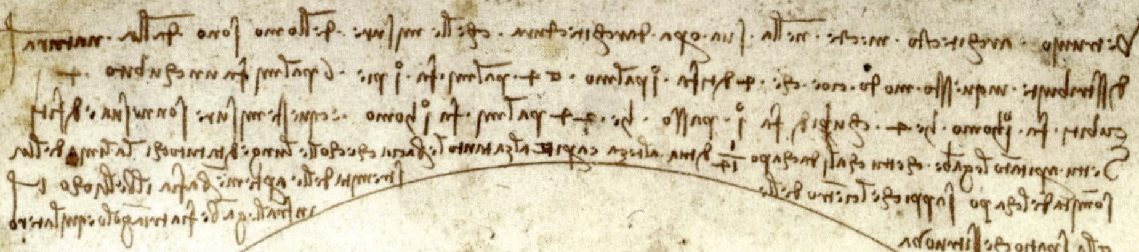
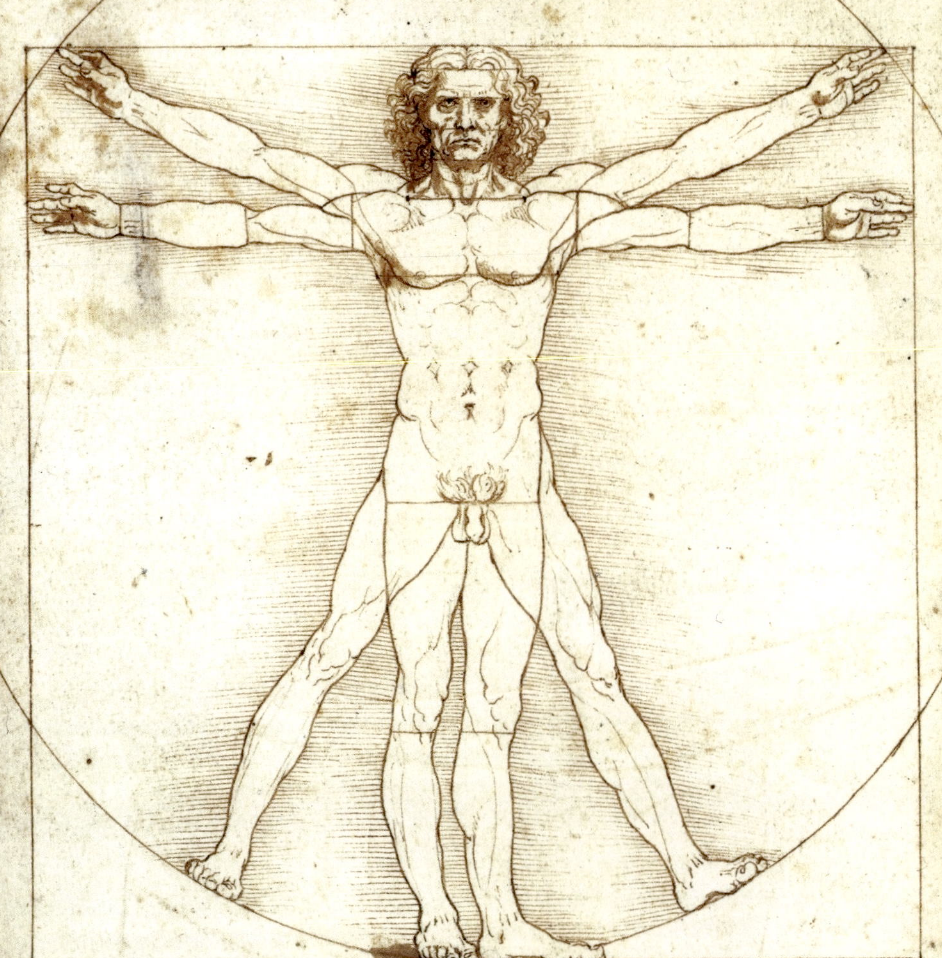

L'artiste et l'étude de la nature

Alors qu'il essaie, dans la deuxième moitié des années 80, de s'installer comme artiste à la Cour, Léonard semble avoir commencé à réaliser des dessins touchant à presque tous les domaines de la science, dessins qui contribuent aujourd'hui encore à sa renommée. Outre les dessins techniques, artistiques et « scientifiques » de cette époque, il existe des études qui présentent souvent un caractère plutôt fantastique. Par exemple celles des machines de guerre déjà évoquées et les nombreux dessins de machines volantes. Ce qui rend ces dessins si intéressants et fascinants n'est pas tellement de savoir si Léonard a vraiment voulu ou pu se mouvoir dans les airs. L'artiste était certainement conscient des problèmes que posait une telle entreprise. Cela ne l'empêchera pas de réaliser sans cesse de nouvelles études sur le vol des oiseaux, sur l'aérodynamique du vol ou sur la construction des ailes. La curiosité et l'imagination le poussaient à concevoir des études et des projets qui dépassaient de loin les possibilités techniques de son époque. Au vu d'une telle ténacité, on peut même parler ici d'un triomphe de la curiosité « scientifique » sur les possibilités pratiques de réalisation.

Lorsque, vers la fin des années 80, Léonard travaille à la statue équestre de Francesco Sforza (ill. p. 46), il réalise d'abord de nombreuses études artistiques importantes sur les proportions du corps humain, l'anatomie et la physiologie. Ainsi, il commence en avril 1489 à écrire un livre *De la figure humaine*. Il prend systématiquement les mesures de deux jeunes gens pour réaliser ce livre, qui restera bien sûr inachevé. Après des mois consacrés à ce travail – il prend presque en même temps les mesures des chevaux de son bienfaiteur Ludovico le More –, il réussit à réunir systématiquement les proportions du corps humain. Il commence aussi à prendre en considération les rapports de grandeur des personnages assis et agenouillés. Il compare alors le résultat de ses études anthropométriques avec les proportions de Vitruve, seules proportions idéales conservées de l'Antiquité. Architecte et ingénieur de l'époque romaine au succès moyen, Vitruve avait décrit les rapports de mesures d'un corps humain parfait dans le troisième livre de son traité d'architecture. Il avait conclu qu'un homme aux bras et jambes écartés pouvait être inscrit au même titre dans les figures géométriques parfaites du cercle et du carré. D'après les descriptions de Vitruve, dans le cas des figures entourées par un cercle ou un carré (« homo ad circulum » et « homo ad quadratum »), le centre du corps

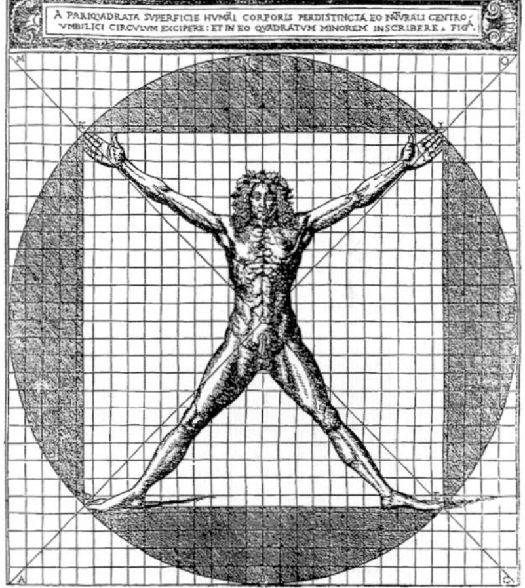

Cesare Cesariano
L'Homme de Vitruve, 1521
Commentaires de Vitruve

Cesariano dote son personnage de mains et de pieds disproportionnés, afin de pouvoir l'intégrer dans les figures géométriques parfaites du cercle et du carré.

Les Proportions du corps humain selon Vitruve, vers 1490
Plume, encre et aquarelle sur pointe de métal, 34,4 x 24,5 cm
Venise, Gallerie dell'Accademia

Avec son célèbre *Homme de Vitruve* – sans doute le dessin le plus connu – Léonard corrige l'enseignement antique des proportions de Vitruve.

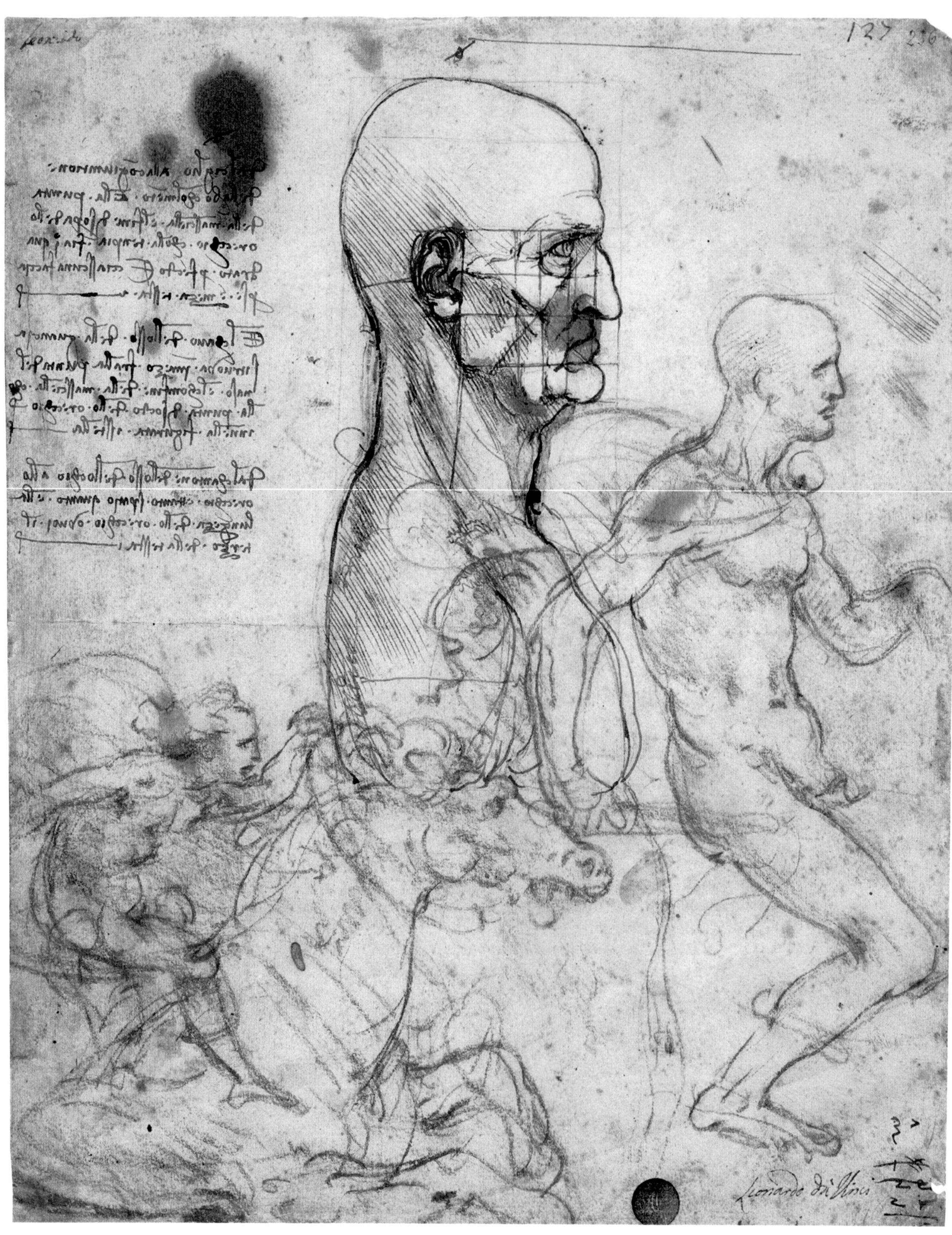

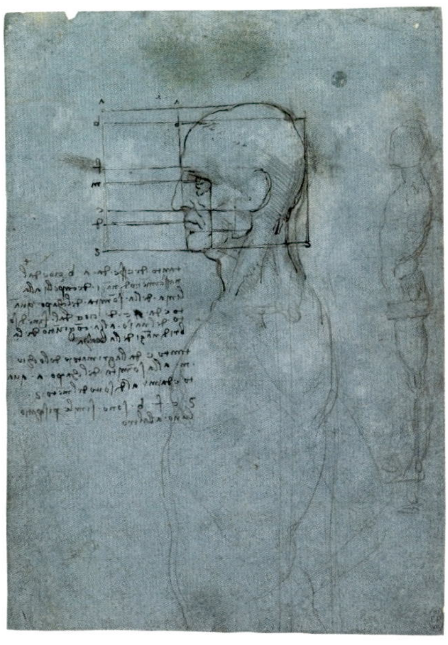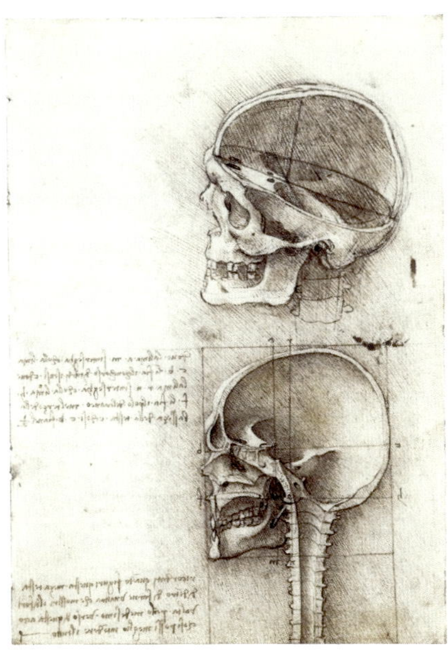

humain se trouverait en outre dans le nombril. Les indications de Vitruve
ont souvent été illustrées à la Renaissance et au cours des différentes époques
suivantes – avec les résultats les plus divers. Le dessin le plus connu est celui
de Léonard (ill. p. 36), la représentation la plus licencieuse est la gravure sur
bois du topographe milanais Cesare Cesariano : le corps proportionné montre,
à côté d'une remarquable érection, des mains énormes et des pieds singulière-
ment longs (ill. p. 37). Cesariano avait compris la description de Vitruve dans
l'esprit de la géométrie du chantier du dôme médiéval et mis directement en
relation les deux figures, le cercle et le carré. Le cercle enferme exactement
le carré et la figure doit s'étirer énormément afin de rentrer dans cette construction géométrique, ce qui explique les mains énormes et les très longs pieds.
Léonard, en revanche, ne s'oriente pas au rapport géométrique entre le cercle
et le carré – dans son dessin, les deux figures géométriques ne se trouvent
plus dans une relation réciproque. Il corrige les erreurs de Vitruve en se servant
des mesures qu'il a prises : le relevé des mesures empiriques de l'être humain,
voilà ce qui importe à ses yeux. Les pieds et les mains ont ainsi la taille appropriée. Il se trouve que seul le centre de l'« homo ad circulum » est dans le nombril – celui de l'« homo ad quadratum » se trouve au-dessus du pubis. Grâce
à ces mesures exactes, Léonard avait donc réussi à vaincre le canon antique
et en plus, à illustrer les données vitruviennes, créant un dessin qui fait encore
autorité aujourd'hui.

Qu'il fallait connaître exactement les proportions du corps humain allait
déjà de soi pour de nombreux artistes au cours de la seconde moitié du 15ᵉ siècle.
Néanmoins, personne jusque-là ne s'était penché sur la question avec autant
de précision que Léonard. L'artiste, établi entre-temps à Milan, est allé encore
plus loin que la simple pratique artistique avec ses études anatomiques, dont
les débuts remontent à la fin 1580. À cette époque, il étudie les mesures du
crâne humain ainsi que les différentes « sections » du cerveau. Cependant, il
se laissera influencer par les notions erronées de l'Antiquité ou du Moyen Âge,
ou par des lieux communs populaires. Se référant à ces idées, Léonard localisait
le sens commun (sensus communis) – poste de commande physiologique de

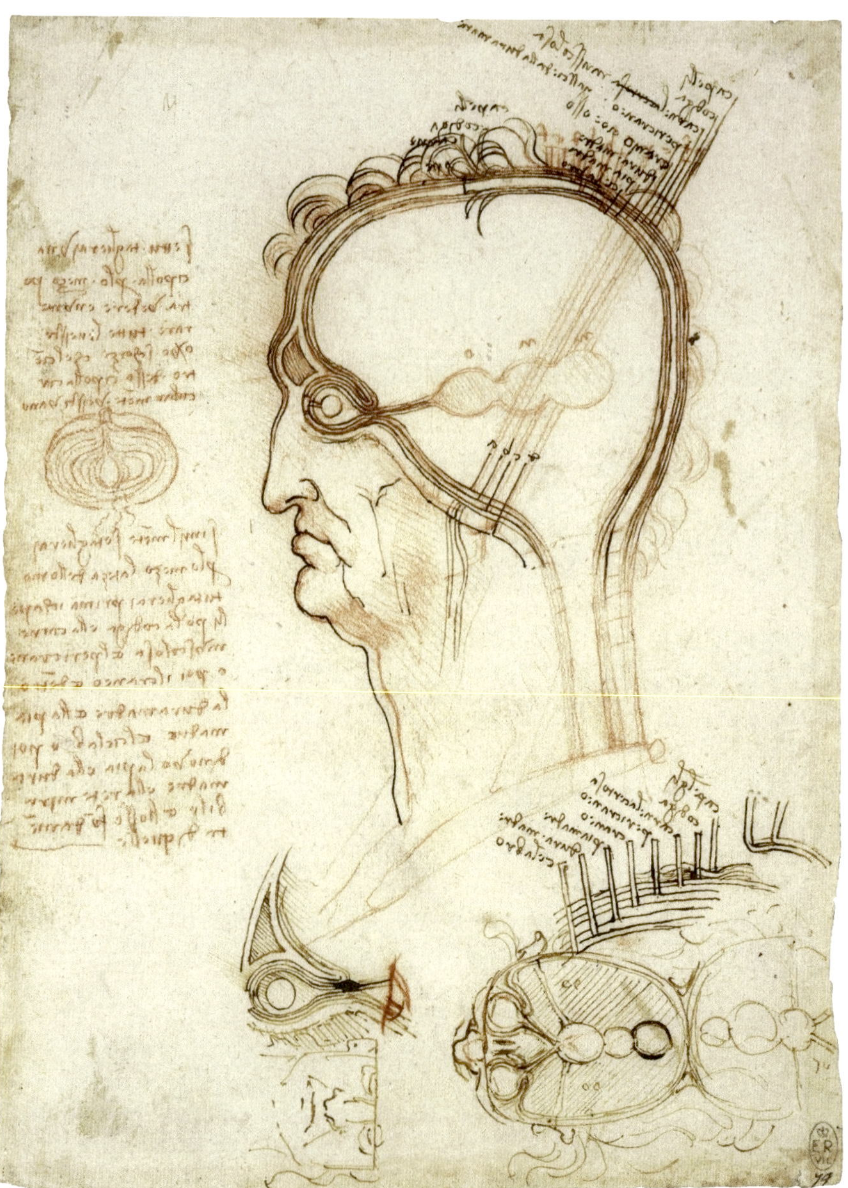

Étude anatomique des couches du cerveau et du cuir chevelu, vers 1490–93
Plume, lavis brun (deux tons)
et craie rouge, 20,3 x 15,2 cm
Windsor Castle, Royal Library

Léonard illustre ici l'idée largement répandue au Moyen Âge de trois lobes centraux dans le cerveau et de leurs fonctions.

la perception humaine – sur un point précis mesurable qu'il fixait avec des lignes qui se recoupaient exactement. Dans un autre dessin représentant la coupe transversale et longitudinale du crâne humain (ill. p. 40), Léonard démontre la conception courante au Moyen Âge des différentes instances du cerveau humain, qu'il nous présente à l'aide de trois alvéoles de la grosseur d'une coquille de noix. Le premier de ces compartiments, situés les uns derrière les autres, enregistre les impressions perçues par les sens ; le deuxième les assimile et le troisième les mémorise. Le dessin dit « du coït » (ill. p. 41), démontre encore plus nettement les fausses idées anatomiques empruntées à l'Antiquité et au Moyen Âge. Léonard illustre par sa représentation de l'acte sexuel les idées physiologiques courantes à son époque, concernant le rapport entre les organes internes de l'être humain. Un canal en forme de tuyau se fraye un chemin à partir des seins de la femme jusqu'à l'utérus, alors que le phallus de l'homme

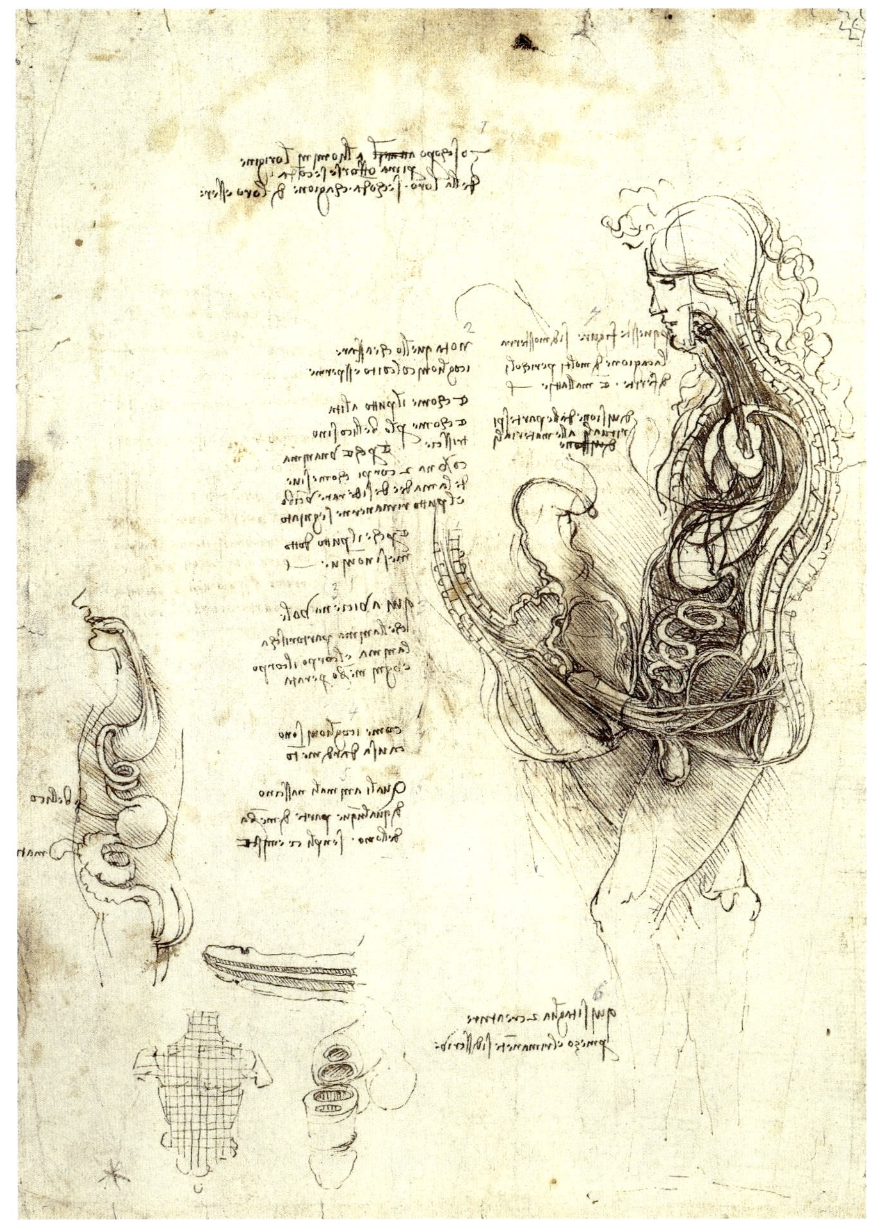

Coupe verticale du coït, vers 1490
Plume et lavis brun, 27,6 x 20,4 cm
Windsor Castle, Royal Library

Léonard illustre dans ce dessin l'idée que l'on se
faisait dans l'Antiquité et au Moyen Âge de l'ori-
gine du sperme (entre autres le cerveau) et du
lait maternel (l'utérus). Le pénis comporte deux
canaux, un pour le sperme et l'autre pour une
substance « mentale » provenant du cerveau.

montre un rapport direct aussi bien avec les testicules qu'avec la moelle épinière, et donc le cerveau. Les esquisses qui se trouvent en dessous, avec une
coupe médiane et longitudinale du pénis, font apparaître en conséquence deux
canaux, celui du bas pour le sperme en provenance des testicules, celui du haut
pour les forces mentales transportées par la moelle épinière. Léonard remettra
plus tard de plus en plus en question ces idées archaïques dans ses dessins anatomiques basés sur des études détaillées de corps disséqués.

La croyance de Léonard à un lien étroit entre les organes internes reflète
une conception très signifiante de la nature humaine. Les deux canaux du
pénis correspondent à l'idée que le sperme ne suffit pas à procréer – une substance mentale est tout aussi nécessaire. Cette substance provenant du siège
de l'âme serait porteuse de qualités intellectuelles élevées, alors que l'apport
du sperme par les testicules serait plutôt responsable d'instincts plus bas, mais

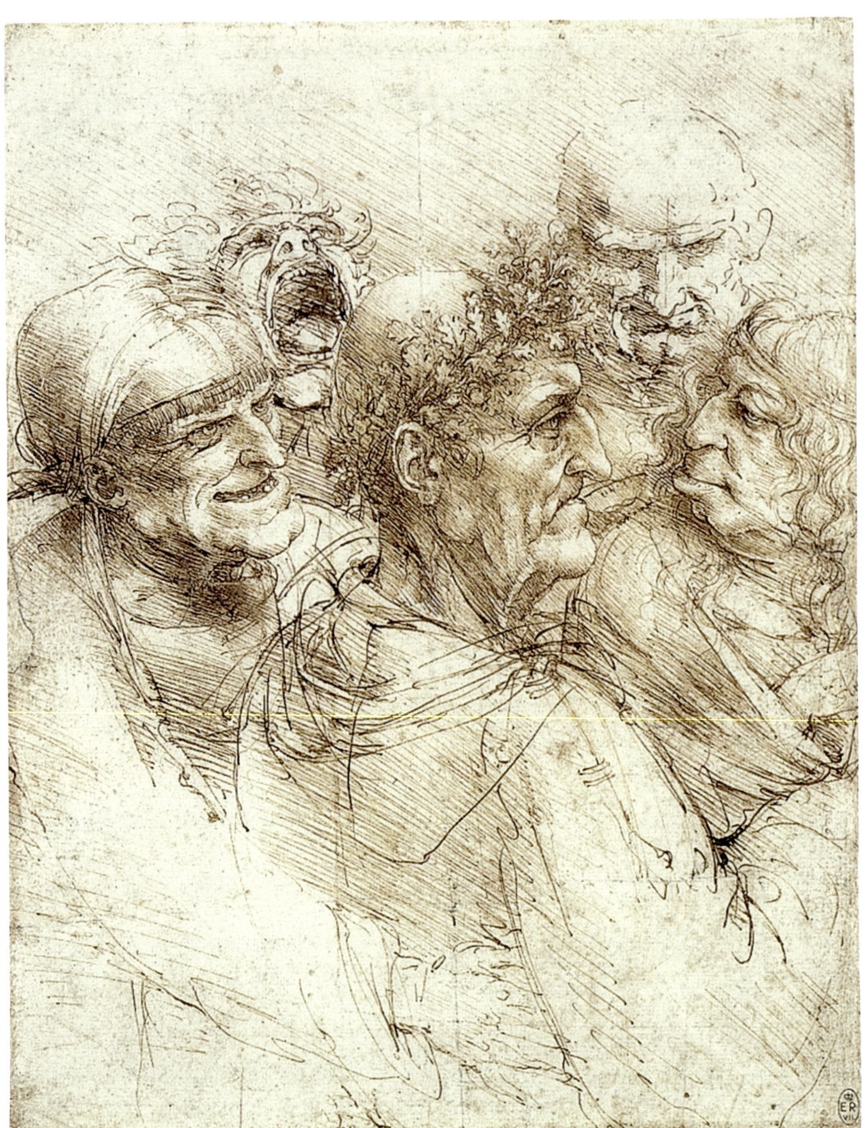

Cinq têtes grotesques, vers 1494
Plume et encre, 26,1 x 20,6 cm
Windsor Castle, Royal Library

Le vieillard représenté de profil au centre est à
considérer, en raison de sa couronne de feuilles
de chêne, comme une figure positive. Il est entouré de quatre comparses moins sympathiques,
dont les physionomies expriment divers aspects
plutôt négatifs de l'état mental.

aussi de qualités comme la bravoure au combat. Léonard exprime d'autres
idées similaires sur la fonction de certaines substances corporelles et l'effet
qu'elles produisent ; par exemple le liquide lacrymal qui proviendrait directement du cœur, considéré comme le siège des sentiments. D'après ces conceptions physiologiques, chaque organe a une signification émotionnelle. Dans
le même ordre d'idées, Léonard présume aussi d'un lien direct entre le caractère
et la physionomie humaine, et l'artiste a tenté d'illustrer cet aspect direct de
la mimique dans de nombreuses études de têtes et de caricatures. Les dessins,
plus grotesques que réalistes, montrent surtout des hommes plus âgés et
presque jamais des jeunes gens, et expriment entre autres l'idée selon laquelle
les qualités et les émotions du moment se reflètent directement sur le visage
de l'être humain. Ainsi un homme, dont le visage ressemble à celui d'un lion,
possède sans doute aussi les caractéristiques marquantes de cet animal. Léonard
retient ce poncif dans l'une de ses études. Les traits léonins du visage de l'homme
représenté correspondent à une peau de lion jetée sur son épaule, et dont on

reconnaît tout spécialement la tête. Léonard reprend la même idée dans son célèbre dessin aux cinq têtes grotesques. Un vieil homme, représenté de profil, est entouré de quatre autres hommes dont les visages expressifs reflètent les caractéristiques les plus diverses, et plutôt négatives. Ils semblent se moquer de l'homme qui se trouve au centre, le fixer en se raillant de lui, l'air courroucé, alors que le personnage de profil supporte stoïquement les moqueries, les traits impassibles mais profondément ravagés, marqués par le destin.

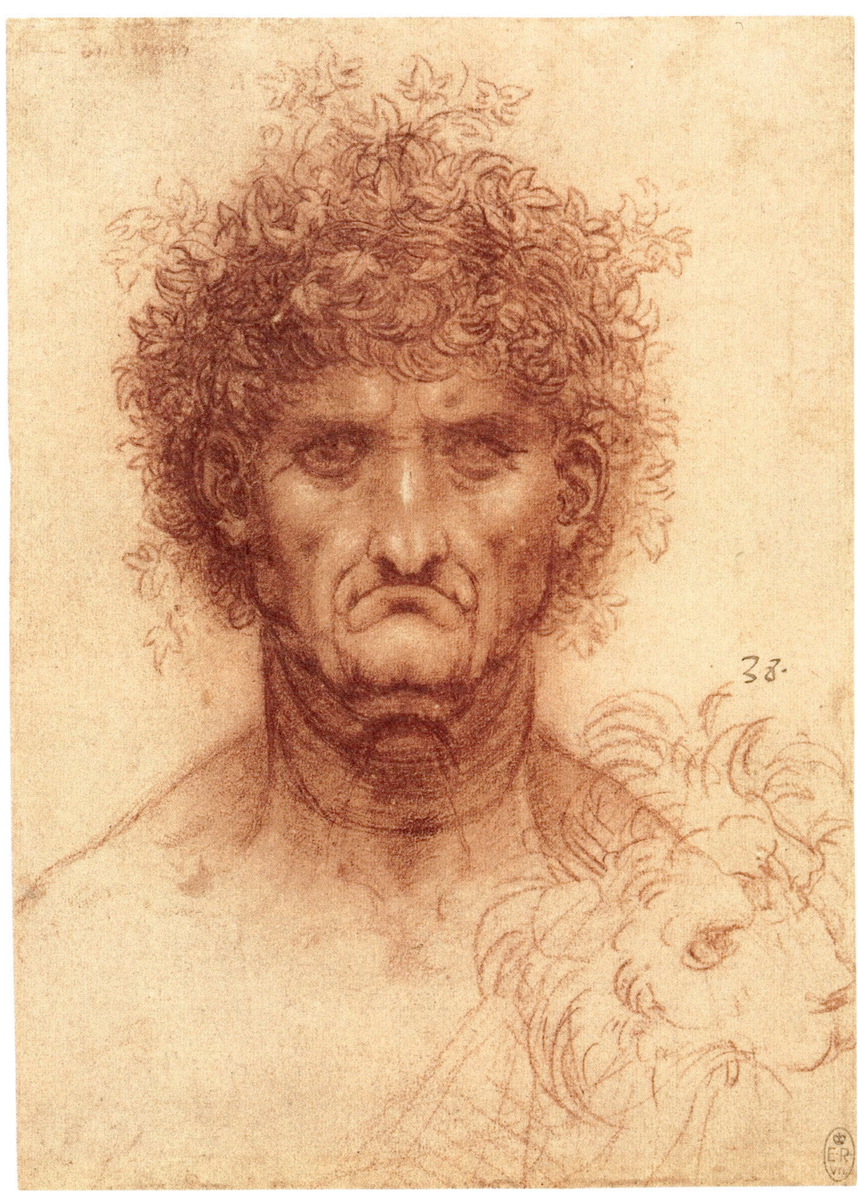

Étude de caractère d'un vieil homme et ébauche d'une tête de lion, vers 1505–10
Sanguine et rehauts de blanc sur papier (préparation rose), 18,3 x 13,6 cm
Windsor Castle, Royal Library

La couronne de lierre et la tête de lion étaient considérés ensemble comme des attributs de Bacchus. Le dessin souligne aussi le poncif qui veut que la physionomie révèle le caractère humain.

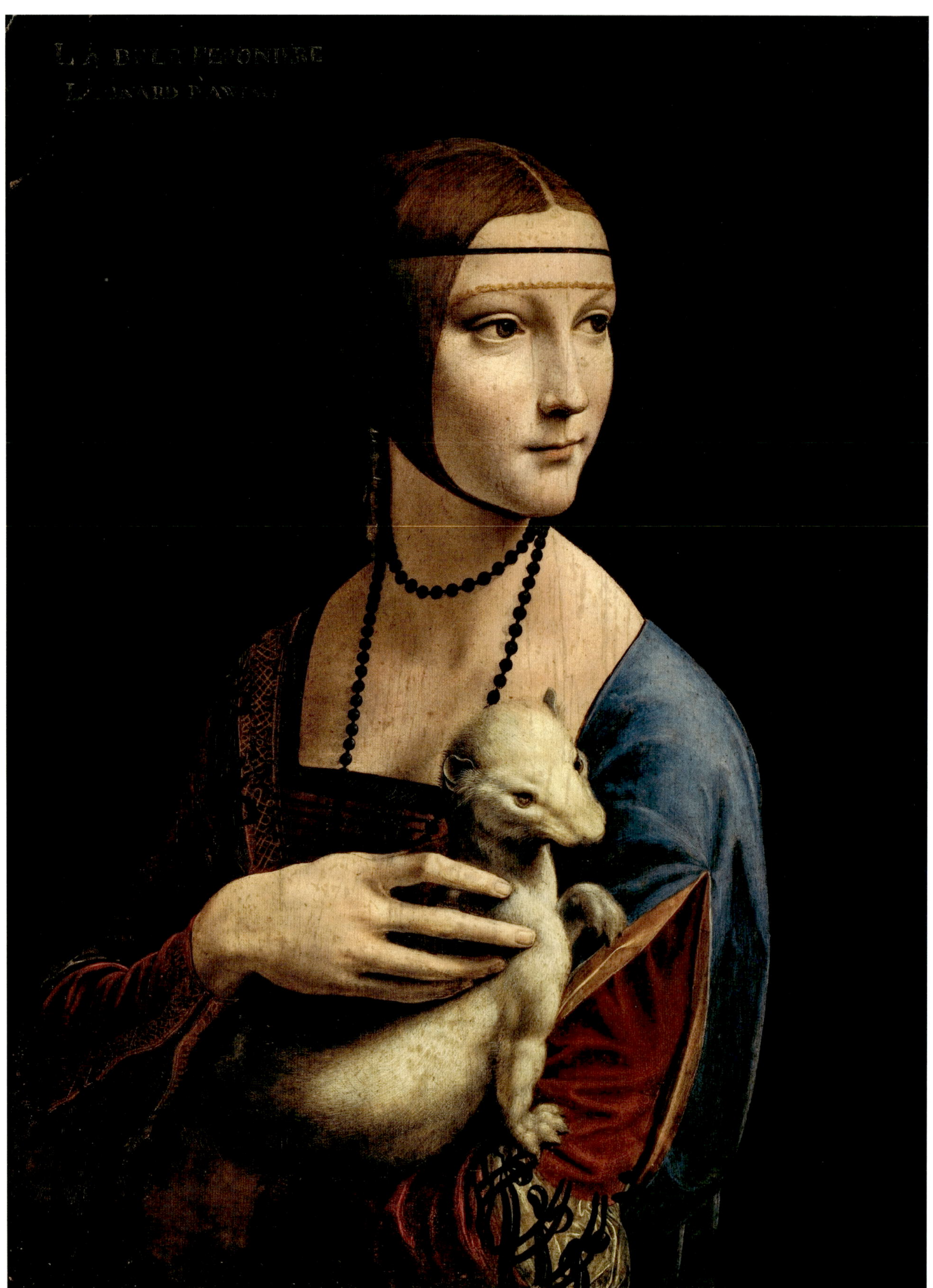
LA BELE FERONIERE
LEONARD D'AVINCI

Léonard, artiste de la Cour à Milan

Entre 1487 et 1490, époque à laquelle il commence ses études sur l'anatomie et les proportions, Léonard s'établit en tant qu'artiste à la Cour de Ludovic le More à Milan. Il organise les festivités de la Cour, travaille pendant plusieurs années à la statue équestre de Francesco Sforza, se profile en tant que portraitiste et réalise le célèbre tableau de la Cène. Le charmant portrait de Cecilia Gallerani et *La Belle Ferronière* (ill. p. 49), dont l'attribution à Léonard est discutée, comptent parmi les premières œuvres achevées par l'artiste, alors qu'il était peintre de Cour. Un autre tableau de son époque à Milan, dont l'attribution à Léonard est également incertaine, est le *Portrait d'un musicien* (ill. p. 48). Celui-ci tient une partition dans sa main droite et a, pour cette raison, été identifié comme un musicien. La représentation du jeune homme, dont le regard se dirige vers la droite hors du tableau, semble plutôt figée si on la compare aux portraits plus élégants de la Belle Ferronière et de Cecilia Gallerani. Ceci est sans doute dû au fait que le buste du musicien est tourné dans la même direction que son regard. Dans les deux portraits de femme, ces mouvements sont contraires : le buste est tourné vers la gauche, la tête vers la droite. Les deux portraits correspondent ainsi à un style dynamique de portrait auquel Léonard avait fait allusion dans le portrait de Ginevra de' Benci (ill. p. 19) et qu'il formule explicitement dans son traité de la peinture (fol. 122). Le portrait de Cecilia Gallerani reflète le plus clairement cette conception d'un modèle de représentation animé. En effet, cette œuvre montre nettement le mouvement de la tête opposé à celui du corps. En outre, l'hermine répète le mouvement de la jeune femme, dont la main élégamment cambrée correspond au mouvement du corps de l'animal. L'hermine est, d'une part, une allusion au nom de famille de Cecilia ; en effet, Gallerani rappelle, de par la consonance, le terme grec « galée » pour hermine. D'autre part, le petit animal symbolisait la pureté et la modestie vu que, selon la légende, il avait horreur de la poussière et ne mangeait qu'une fois par jour (Ms. H. fol. 12). L'hermine, depuis les dernières années de la décennie 1580, pouvait également faire allusion à Ludovico Sforza dont elle était l'un des emblèmes. Ludovico est donc enlacé et caressé tendrement sous la forme de son animal symbole. La position sociale de la jeune femme explique la situation particulièrement délicate et le symbolisme, comparativement différencié. Cecilia, née en 1473 ou 1474, était en 1489 la favorite de Ludovico Sforza. Il est certain que ce tableau a été en sa possession, sans

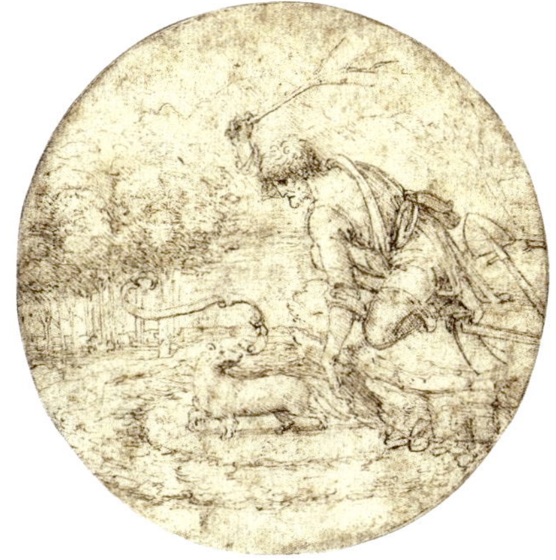

L'Hermine symbole de la pureté, vers 1490
Plume et encre, diamètre : 9,1 cm
Cambridge, The Fitzwilliam Museum

Léonard décrit dans cette allégorie l'idée traditionnelle qui veut qu'une hermine se laisserait plutôt battre, que de souiller sa fourrure blanche en s'enfuyant dans une eau impure. C'est pour cette raison que l'animal était considéré comme le symbole de la pureté.

Portait de Cecilia Gallerani
(Dame à l'hermine), 1489/90
Huile sur bois de noyer, 55 x 40,5 cm
Cracovie, Muzeum Narodowe,
collection Czartoryski

Le portrait de la favorite de Ludovico Sforza dépasse de loin, par le dynamisme dans la représentation, les conventions en vigueur à Milan en ce qui concerne les portraits. L'hermine était alors le symbole de la pureté et de la vertu, mais elle fait aussi allusion à Ludovico Sforza, l'amant de Cecilia.

*Dessin de l'armature du moule de coulage
pour la tête du cheval du monument de
François Sforza*, vers 1491–93
Sanguine, 21 x 29 cm
Madrid, Bibliotheca Nacional, Codex Madrid II

Léonard explique sur cette double page
aux accents surréalistes du Codex Madrid,
l'armature du moule de fonte armé pour la
tête du cheval du monument de Sforza.

*Étude pour le monument équestre
de François Sforza*, vers 1488/89
Pointe de métal sur papier
(préparation bleue), 14,8 x 18,5 cm
Windsor Castle, Royal Library

Cette première esquisse incroyablement
dynamique de la statue équestre de Francesco
Sforza nous montre le projet initial avec le
cheval se cabrant.

doute en souvenir des plaisirs partagés avec Ludovic avant et après le mariage
de ce dernier. En 1491, peu de temps après la réalisation du tableau, il épousera
Béatrice d'Este.

L'élégance des portraits de Cour laisse facilement oublier qu'à peu près à la
même époque, Léonard était occupé à réaliser la statue de Sforza, projet beaucoup plus important et plus ardu. C'était en effet le plus grand monument de
ce genre dans l'histoire de l'art post-antique. Ludovic Sforza voulait, avec ce
monument en bronze plus grand que nature, commémorer le souvenir de son
père Francesco Sforza et mettre en scène, de manière magistrale, ses propres
mérites. La réalisation de la statue équestre était envisagée depuis le début des
années 70, mais sa réalisation avait toujours été remise à plus tard, jusqu'à ce
que Léonard se mette au travail en 1489 ou un peu plus tôt. En 1492, l'artiste
achève un énorme modèle en terre cuite du cheval de plus de sept mètres (!)
de haut. Ce modèle fut utilisé l'année suivante comme décoration lors des festivités accompagnant les noces de Bianca Maria Sforza, nièce de Ludovic, et de
l'empereur Maximilien. Cependant, ce projet ambitieux ne dépassa pas le stade
du modèle, car le bronze nécessaire au coulage de la statue fut utilisé en 1494
pour fabriquer des canons.

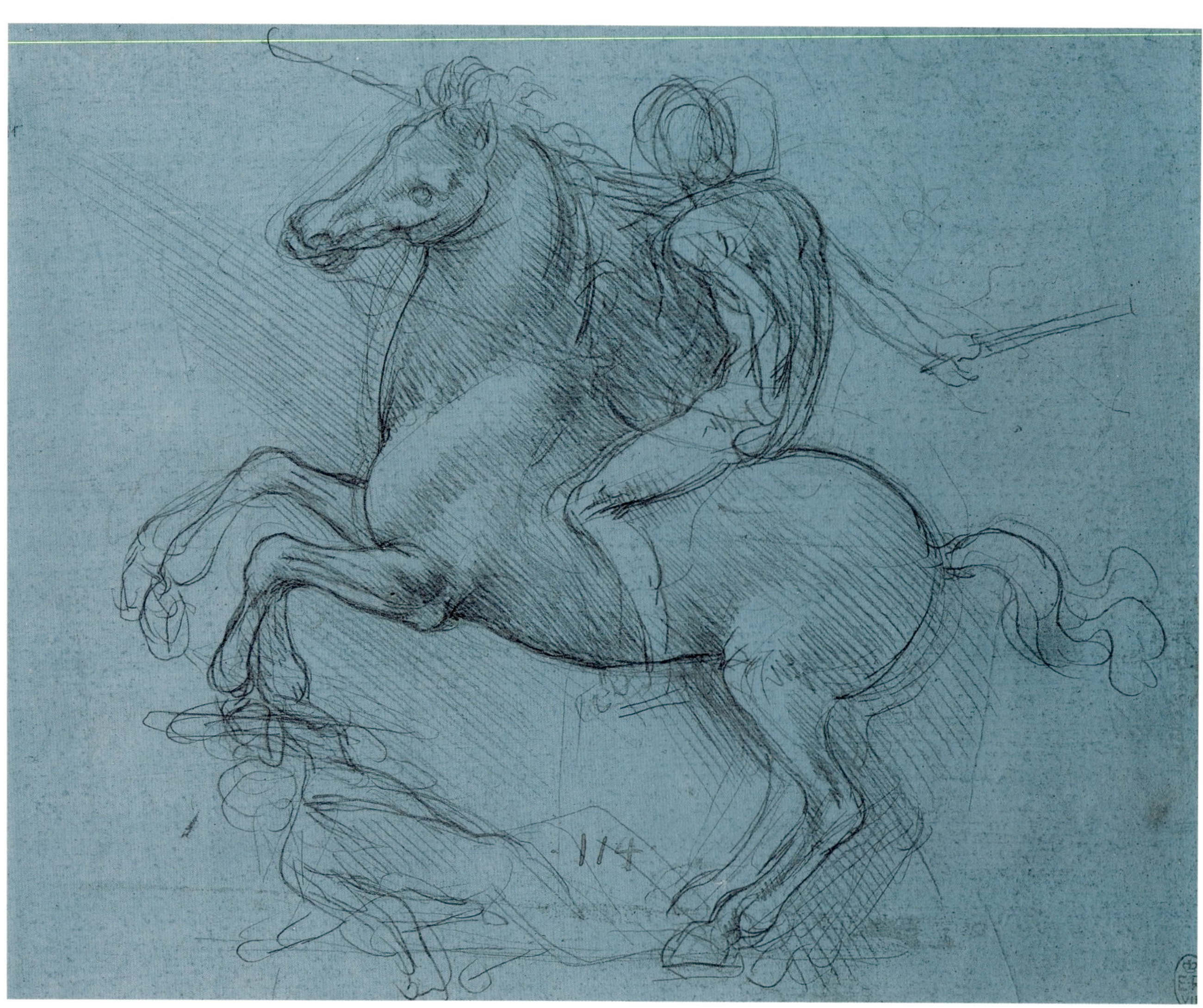

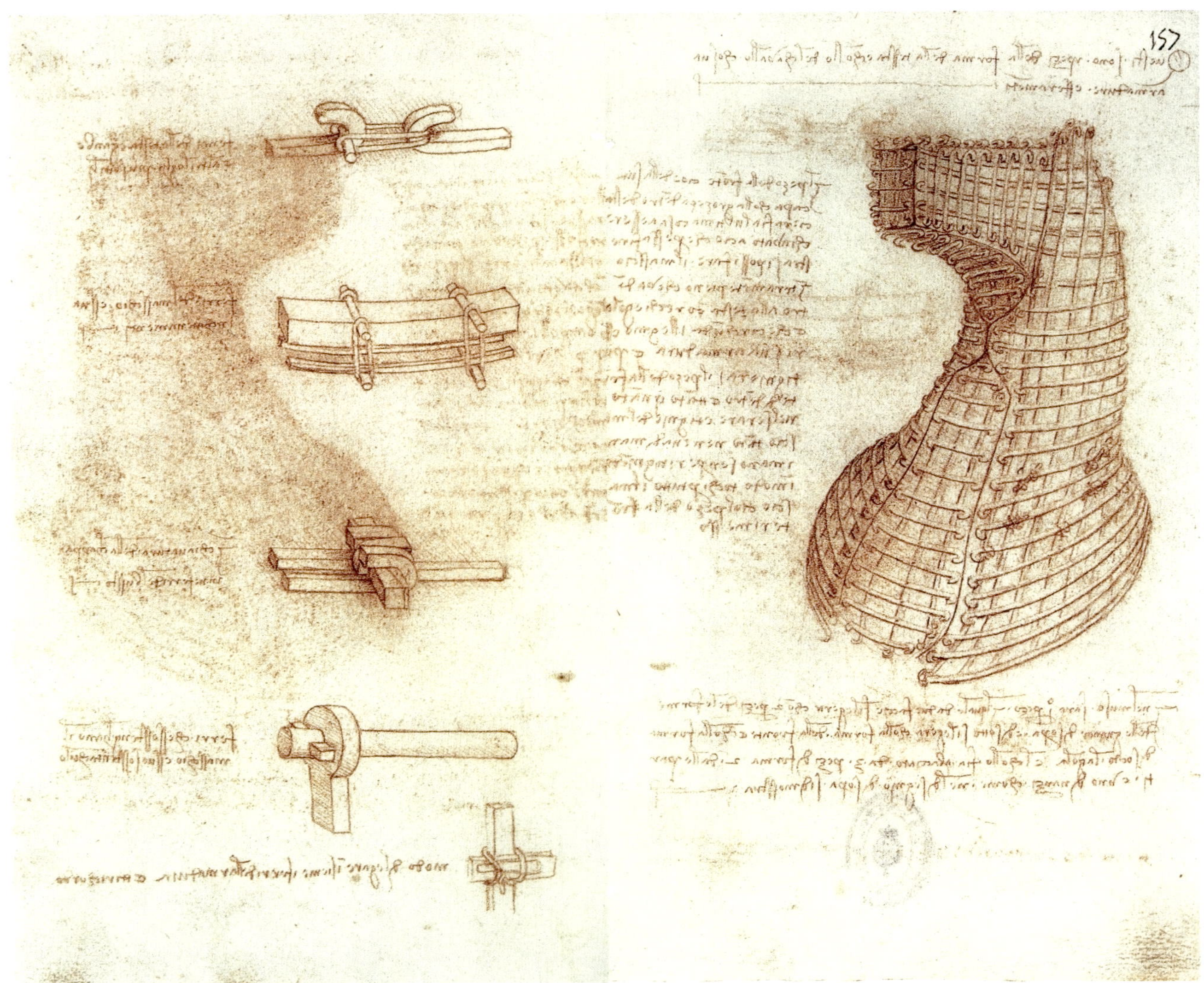

Pendant quelques années encore, le modèle en terre cuite du monument de Sforza attira la curiosité et l'admiration des hôtes et des voyageurs. Puis, après l'invasion française en 1499, il tomba aux mains de mercenaires peu sensibles aux œuvres d'art, et les archers s'en servirent comme cible, le réduisant presque à néant. Il nous reste de nombreuses esquisses et études préliminaires qui nous donnent un aperçu vivant des différents stades et problèmes techniques rencontrés par le projet. À la représentation qui semble surréaliste du manteau en fonte armée, viennent s'ajouter de nombreuses études sur les mouvements et les proportions du cheval. La plus impressionnante de ces études représente un cavalier sur un cheval cabré ; sous l'animal, un ennemi tombé à terre, essaie de se protéger en brandissant un bouclier de sa main droite. Représenter un cheval cabré générait de nombreuses complications sur le plan de l'équilibre de la statue équestre, ce qui amena Léonard, lors d'un deuxième projet, à choisir la variante moins dramatique du cheval au pas. Le motif du cheval cabré resta un idéal artistique que Léonard essaiera plus tard de reprendre, mais dont la réalisation reviendra aux sculpteurs du 17e siècle.

Ses nombreux et coûteux travaux pour la statue équestre valurent à Léonard une réputation durable en tant qu'artiste à la Cour de Ludovic Sforza à Milan.

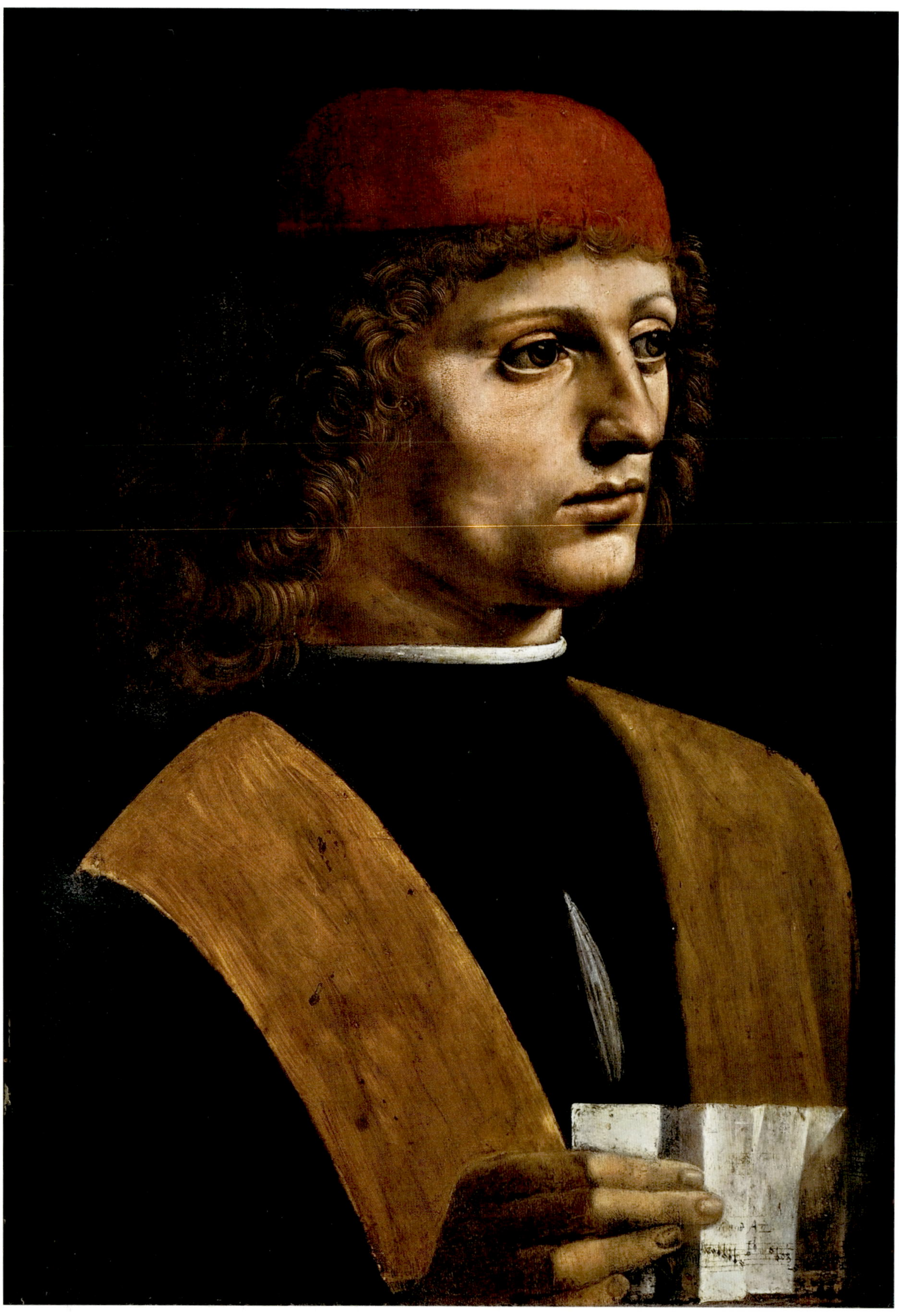

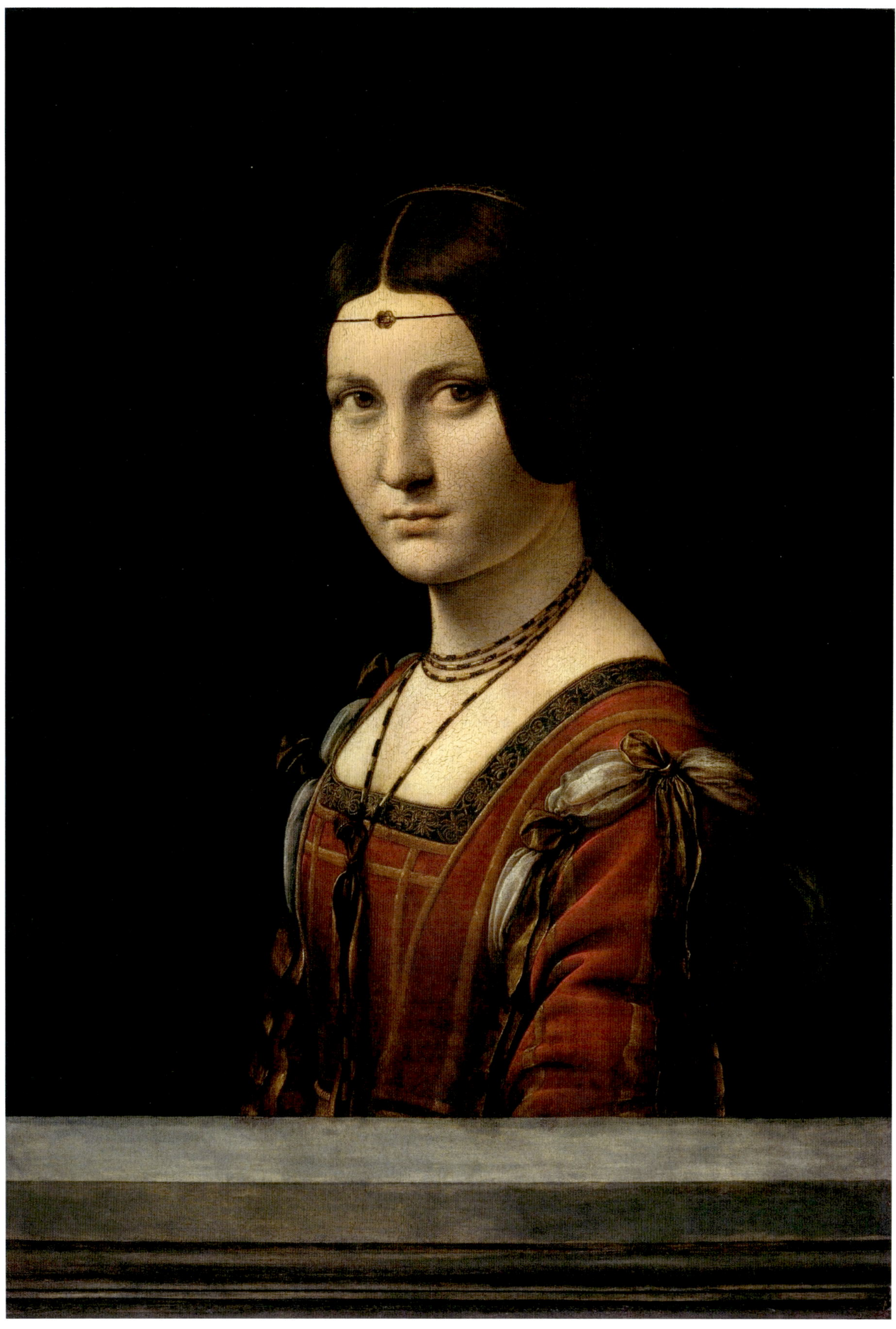

*Étude pour **La Cène** (Jacques le Majeur)
et croquis d'architecture*, vers 1495
Sanguine, plume et encre, 25,2 x 17,2 cm
Windsor Castle, Royal Library

Léonard étudie ici, comme dans les autres
dessins réalisés pour la Cène, les possibilités
d'expression du visage humain. Sur le tableau,
Jacques porte la barbe et ses cheveux sont plus
longs. Léonard se concentre dans le dessin
encore entièrement sur l'expression du visage.

En cette qualité, il s'occupa également des installations de chauffage dans les
palais ducaux, réalisa des décors pour les fêtes à la Cour et peignit des tableaux
et des portraits. Nous en sont parvenus les portraits déjà mentionnés, *La Cène*
peinte dans l'ancien réfectoire du cloître San Maria delle Grazie (ill. p. 52–53)
et la *Sala delle Asse* dans le Castello Sforzesco à Milan. Deux tableaux, *La Cène*
et *La Joconde* (Mona Lisa), œuvre réalisée ultérieurement, ont contribué de
manière décisive à la gloire de Léonard en tant que peintre. Réalisé entre 1495
et 1497, le tableau mural de *La Cène*, exécuté à l'aide d'une technique peu durable, la peinture à la détrempe, a montré dès le 16e siècle les premiers signes
d'altération que d'incessants travaux de restauration n'ont pas encore réussi à
stopper. L'œuvre n'a rien perdu de son effet impressionnant malgré le mauvais
état du tableau, déjà signalé au 16e siècle. Maintes fois recopiée, recréée et re-
produite, cette œuvre est restée la variante la plus connue sur ce thème. Comme
les artistes florentins avant lui, Léonard a placé la Cène dans un espace théâtral
construit d'après les règles de la perspective centrale. Les lignes de perspective
se rejoignent dans l'œil droit du Christ, ce qui souligne à nouveau sa position
centrale dans la composition et dans l'espace pictural. L'artiste se concentre sur
l'instant où Jésus est assis à table avec ses disciples et va annoncer : « En vérité,

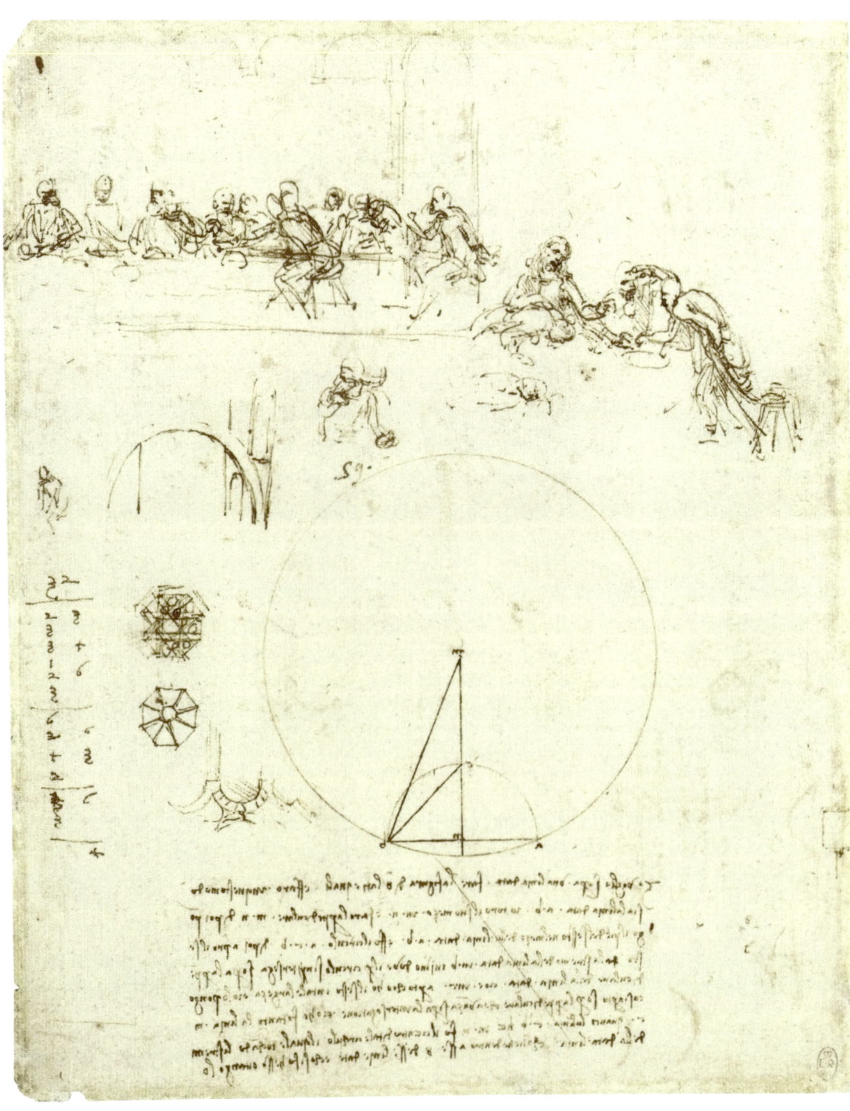

*Croquis de composition pour **La Cène***, vers 1495
Plume et encre, 26 x 21 cm
Windsor Castle, Royal Library

Les apôtres ne sont pas encore répartis en
groupes dans cette étude préliminaire. Cependant, on reconnaît déjà aisément l'émotion
que dégage l'événement.

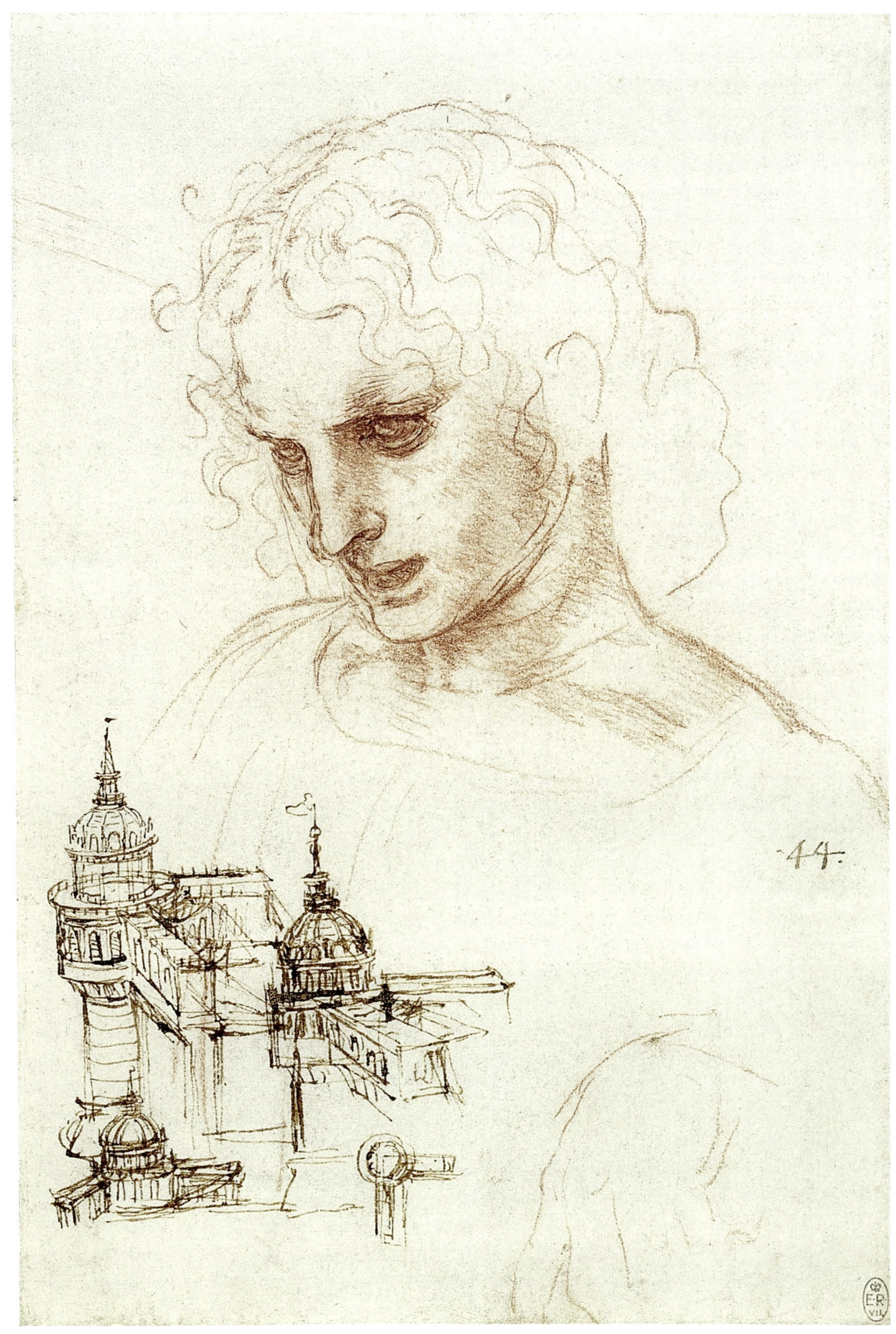

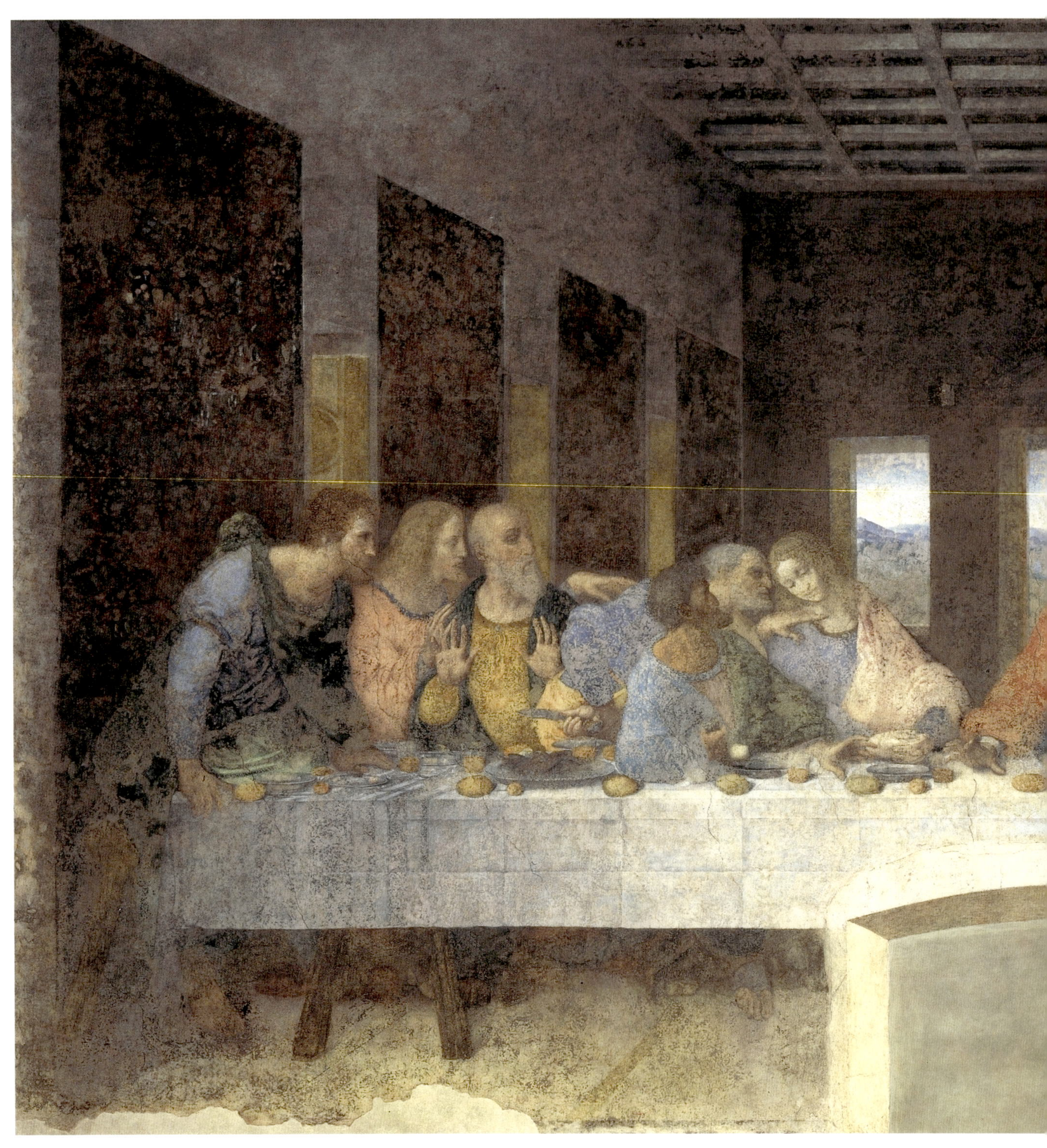

La Cène, vers 1495–97
Détrempe sur enduit de plâtre, 460 x 880 cm
Milan, Santa Maria delle Grazie, Réfectoire

L'œuvre très endommagée se distingue avant
tout par des groupes de personnages différem-
ment représentés, ainsi que par la représentation
exactement calculée des gestes et des mimiques.

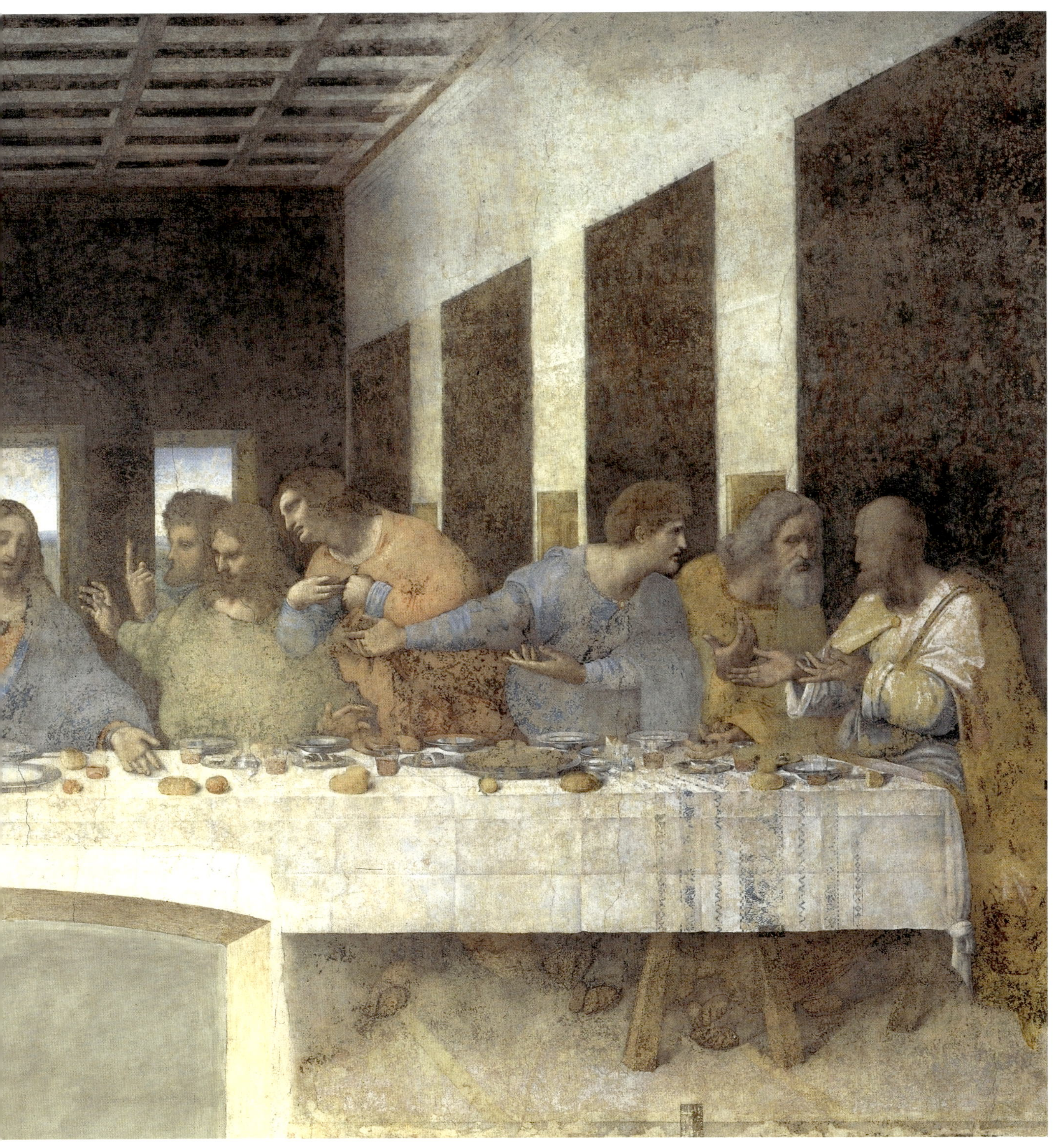

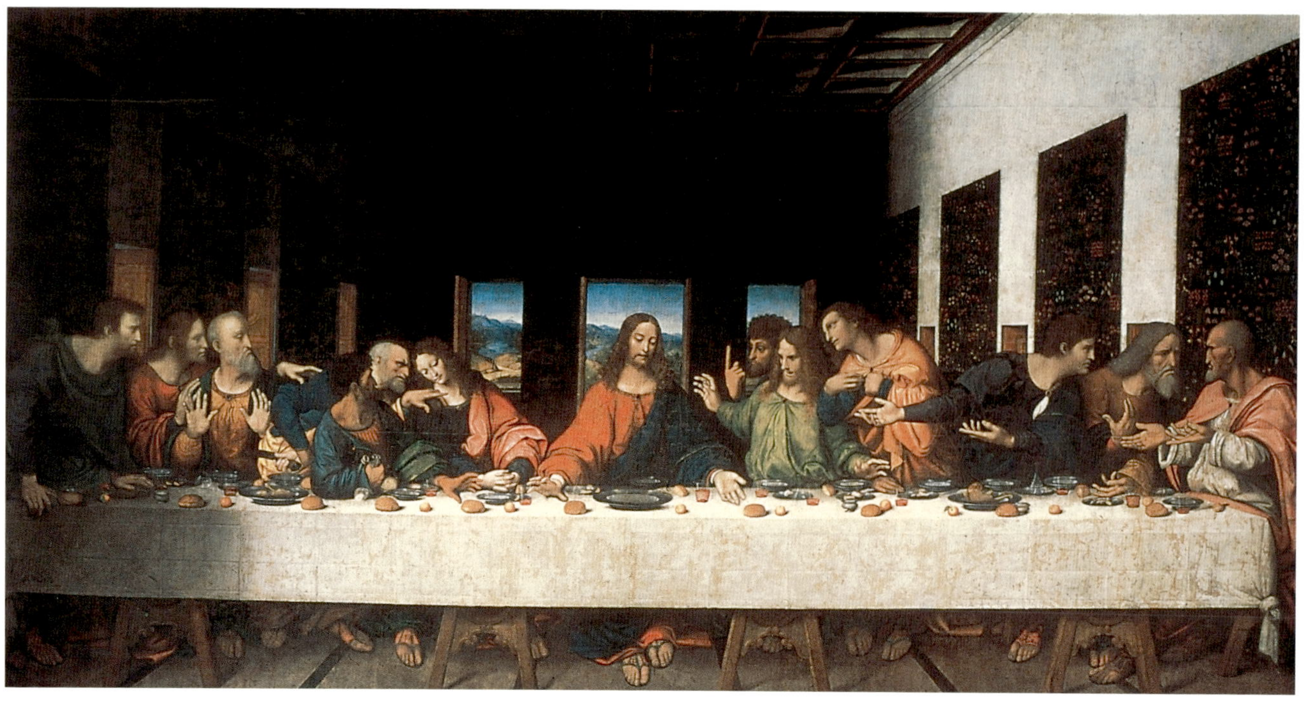

Artiste anonyme du 16e siècle
Copie d'après* La Cène *de Léonard
Huile sur toile, 418 x 794 cm
Tongerlo, Musée Da Vinci

La copie presque aussi grande que l'original,
rend bien la richesse de détails que la peinture
murale de Léonard ne laisse plus que supposer
en raison des nombreuses détériorations subies.

je vous le dis, l'un de vous va me livrer. » (Math. 26 : 21). Presque tous les
disciples expriment alors leur surprise et leur effroi par différents gestes et
réactions : en bout de table à gauche, Barthélemy, irrité, se dresse de sa chaise ; à
côté de lui, Jacques le Mineur et André lèvent, étonnés, les mains au ciel. Pierre
se lève également de son siège et se tourne, le visage courroucé, vers le centre
du tableau. Devant lui apparaît Judas, qui recule, effrayé, touchant de sa main
droite la bourse contenant l'argent de sa trahison. Pour la première fois dans
l'histoire des représentations de la Cène après le Moyen Âge, Judas n'est plus
assis devant, mais derrière la table. Il est de ce fait tout près de Jean, qui réagit
avec retenue (il ne connaît pas encore le traître), regardant devant lui, méditatif,
les mains jointes. Jésus lui-même, tout aussi impassible, occupe une position
centrale au milieu du tableau et devant une fenêtre. Il est flanqué de l'autre côté
par deux autres groupes composés de chacun trois disciples : Thomas, Jacques
le Majeur, Philippe, ainsi que Matthieu, Thaddée et Simon.

À l'encontre de ses contemporains peintres, Léonard rend l'action dynamique
aussi bien en répartissant les douze apôtres en quatre groupes différents, qu'en
représentant de manière exactement calculée les gestes et les mimiques de
chaque personnage. Des relevés, des idées esquissées et des dessins préliminaires
pour la Cène, ainsi que quelques récits de témoins oculaires, documentent les
efforts considérables que l'artiste dut fournir pour obtenir de multiples effets
particulièrement expressifs de gestes et mimiques. Ainsi, l'artiste a cherché à
Milan et ses environs des types de visages correspondant aux différents apôtres,
et a même cherché des modèles appropriés pour les représentations des mains.
Cette préparation minutieuse se lit dans les études intensives des physionomies
de Jacques le Majeur, Judas et Philippe. Sur le plan artistique, Léonard a même
emprunté de nouvelles voies pour réaliser la composition, en répartissant les
douze disciples en groupe de trois personnes, condensant l'atmosphère déjà
chargée d'émotions. Cette répartition en groupes ne se rattache pas seulement
aux efforts de Léonard pour dramatiser l'événement, mais aussi au lieu dans

lequel se déroule la *Cène.* Trois lunettes forment avec le tableau de Léonard
le haut du mur du réfectoire, et cette répartition influence aussi le rythme des
groupes de personnages placés en dessous. Les apôtres, aux deux extrémités
de la table, se trouvent en dessous des deux plus petits arcs, les deux groupes
intérieurs et le Christ sont ensemble sous l'arc central. Les lunettes elles-mêmes
comportent des ornements végétaux et héraldiques entourés d'armoiries. Au
milieu se trouvent les armoiries de Ludovic Sforza, le maître d'ouvrage, asso-
ciées à celles de sa femme Béatrice d'Este. À sa droite (c'est-à-dire à la gauche
du spectateur), apparaissent les armoiries de Massimiliano, son premier-né,
et à sa gauche, celles de Francesco, son fils cadet. Si l'on songe que Ludovic
avait fait transformer l'église attenante de San Maria delle Grazie en tombeau
funéraire pour sa famille, *La Cène* de Léonard est à considérer non seulement
comme un exemple artistique d'innovation et de force créative, mais aussi
comme un document dynastique du maître d'ouvrage. Il en va de même de la
dernière œuvre de Léonard pour Ludovic Sforza, *La Sala delle Asse*, réalisée
entre 1496 et 1498 dans le Castello Sforzesco. Léonard a décoré ici avec art une
pièce entière avec des branches de plusieurs arbres enlacées les unes aux autres.
Elles sont agencées autour d'un blason dans le miroir de la voûte et de quatre
panneaux portant des inscriptions. Les armoiries et les inscriptions relatent les
événements politiques et personnels les plus importants de la vie de Ludovic :
les noces de sa nièce Bianca Maria avec l'empereur Maximilien, sa nomination
au rang de duc de Milan ainsi que la victoire sur les Français à la bataille de
Fornovo. Le duc Ludovic ne devait cependant pas jouir longtemps du triomphe
politique que Léonard avait si bien exprimé à l'aide de moyens subtils dans
la Sala delle Asse. En effet, les événements politiques se précipitent dès 1499.
Des troupes françaises envahissent à nouveau l'Italie du Nord et, en octobre,
mettent fin à la souveraineté de Ludovic Sforza. Léonard reste encore quelques
mois à Milan avant de partir en décembre 1499 pour Mantoue et Venise, où il
espère trouver de nouveaux protecteurs.

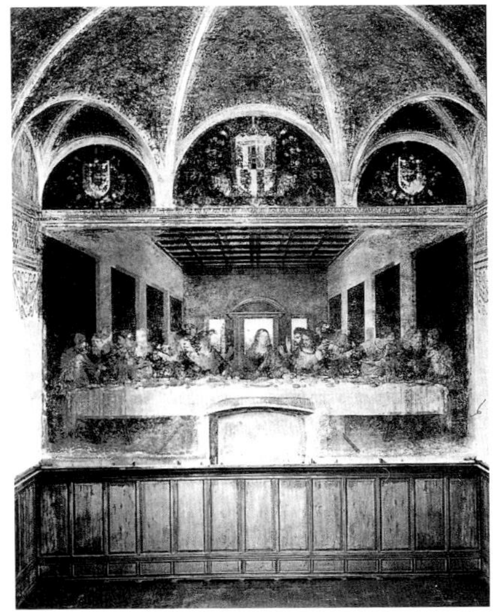

Vue du mur nord du réfectoire
Milan, Santa Maria delle Grazie, Réfectoire

Léonard a placé les armoiries de la Famille
Sforza dans les trois lunettes au-dessus de la
Cène. L'artiste a repris dans les formations
des apôtres le rythme donné aux peintures
murales par les trois lunettes.

PAGE 56
***Étude pour* La Cène (Judas)**, vers 1495
Sanguine sur papier (préparation rougeâtre),
18 x 15 cm
Windsor Castle, Royal Library

Les notes de Léonard et des écrits contemporains rapportent que l'artiste réalisait des études
de physionomies de manière intense pour être à
même de représenter de nombreuses variations
de têtes d'apôtres. Le dessin de Judas est le résultat le plus expressif de ces études.

PAGE 57
***Étude pour* La Cène (Philippe)**, vers 1495
Pierre noire, 19 x 15 cm
Windsor Castle, Royal Library

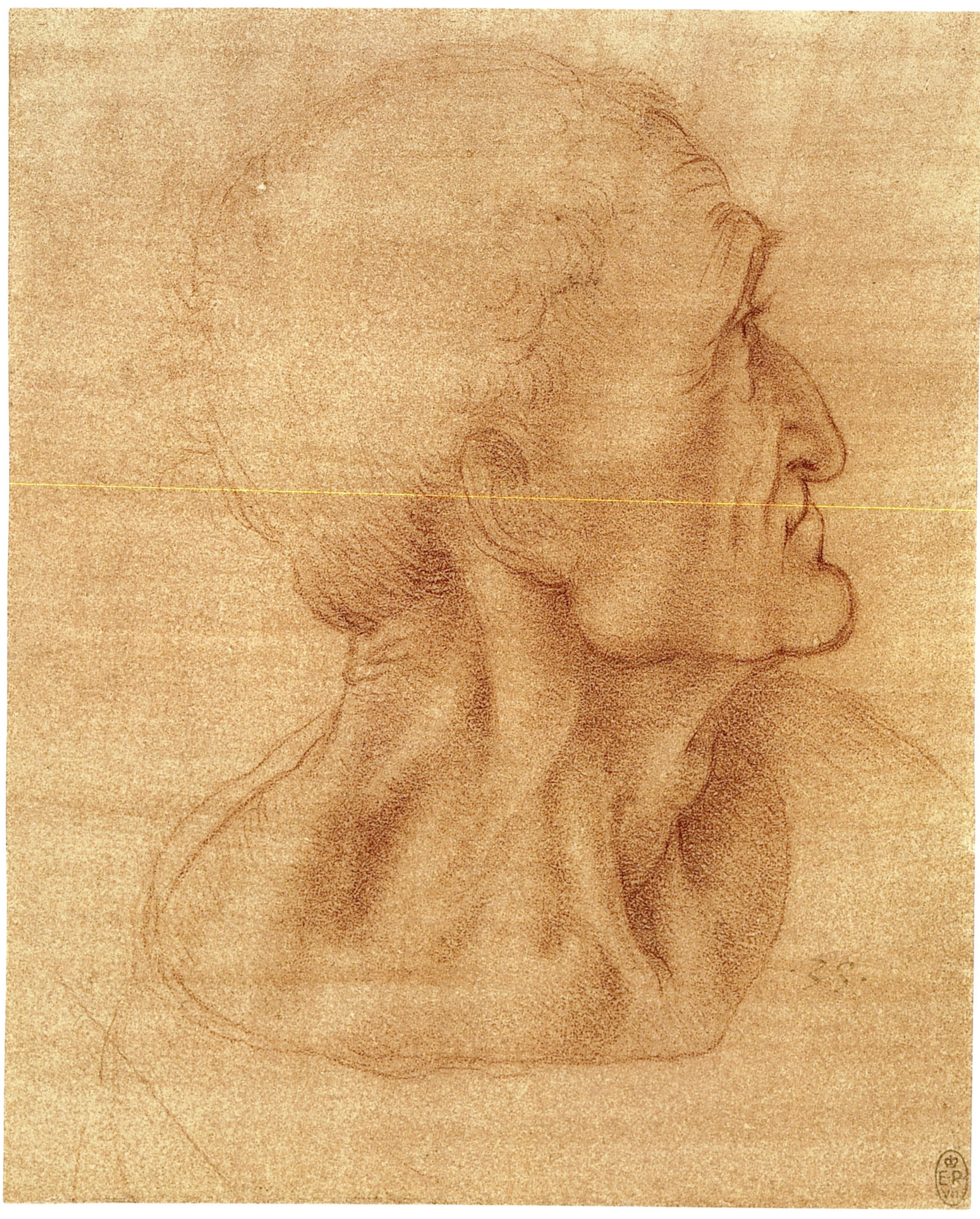

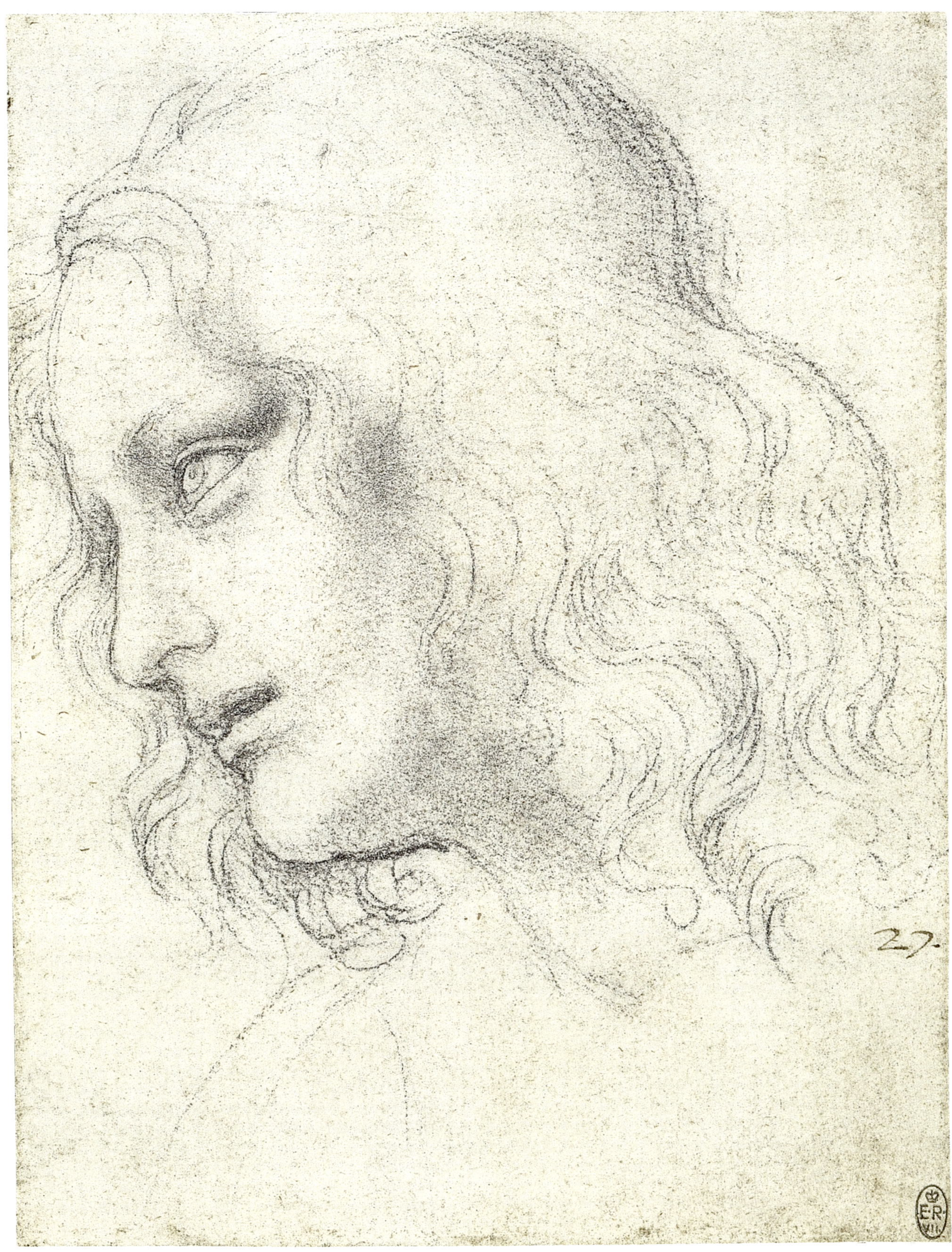

57

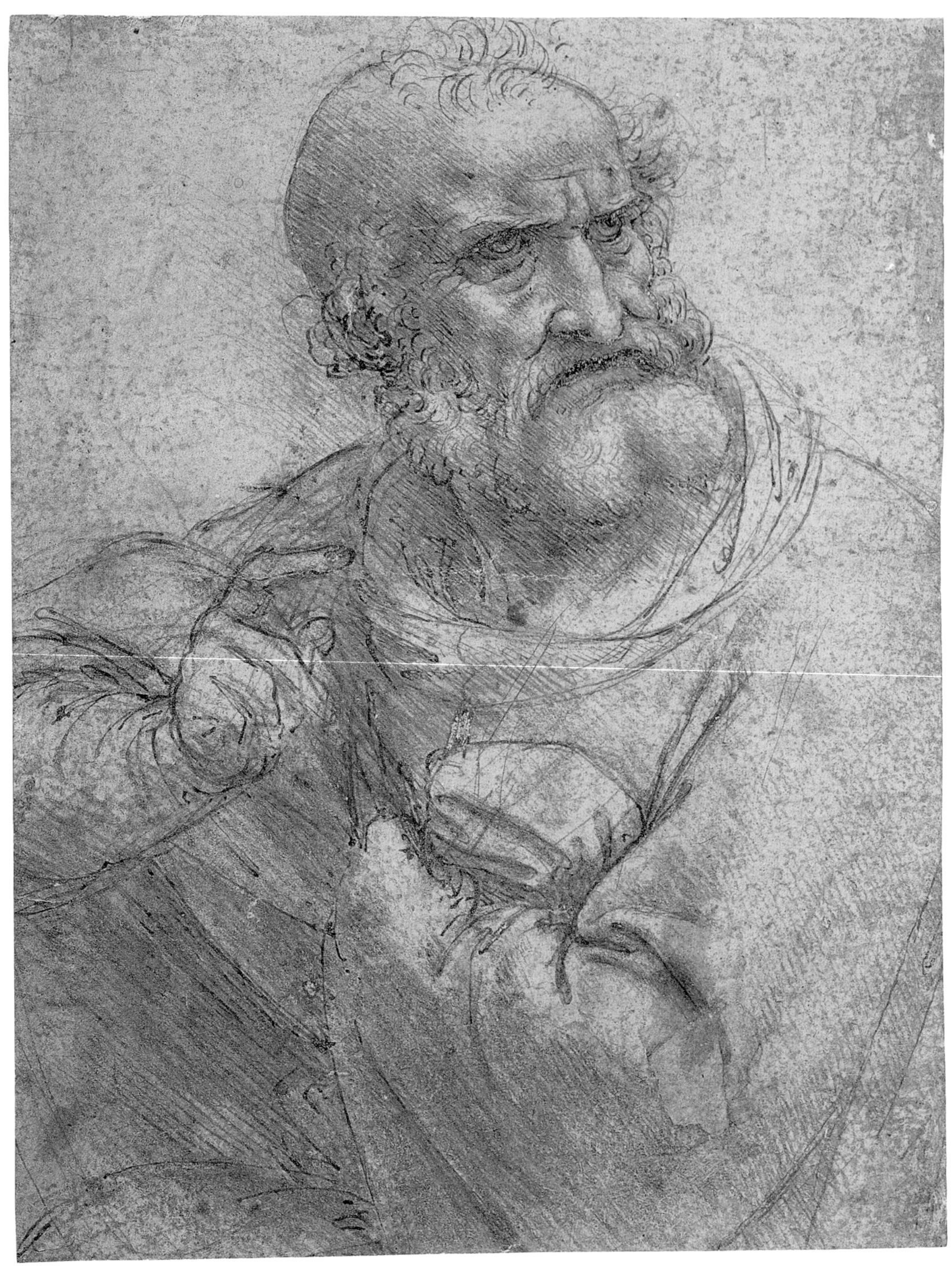

***Étude pour** La Cène **(Pierre ?)**, vers 1495
Plume et encre sur pointe de métal sur
papier (préparation bleue), 14,5 x 11,3 cm
Vienne, Albertina

L'étude représente sans doute Pierre, mais
n'a pas été utilisée dans la peinture définitive :
Léonard avait porté son choix sur une variante
plus dynamique.

Sala delle Asse, vers 1496–97
Détrempe sur enduit de plâtre
Milan, Castello Sforzesco,
Sala delle Asse

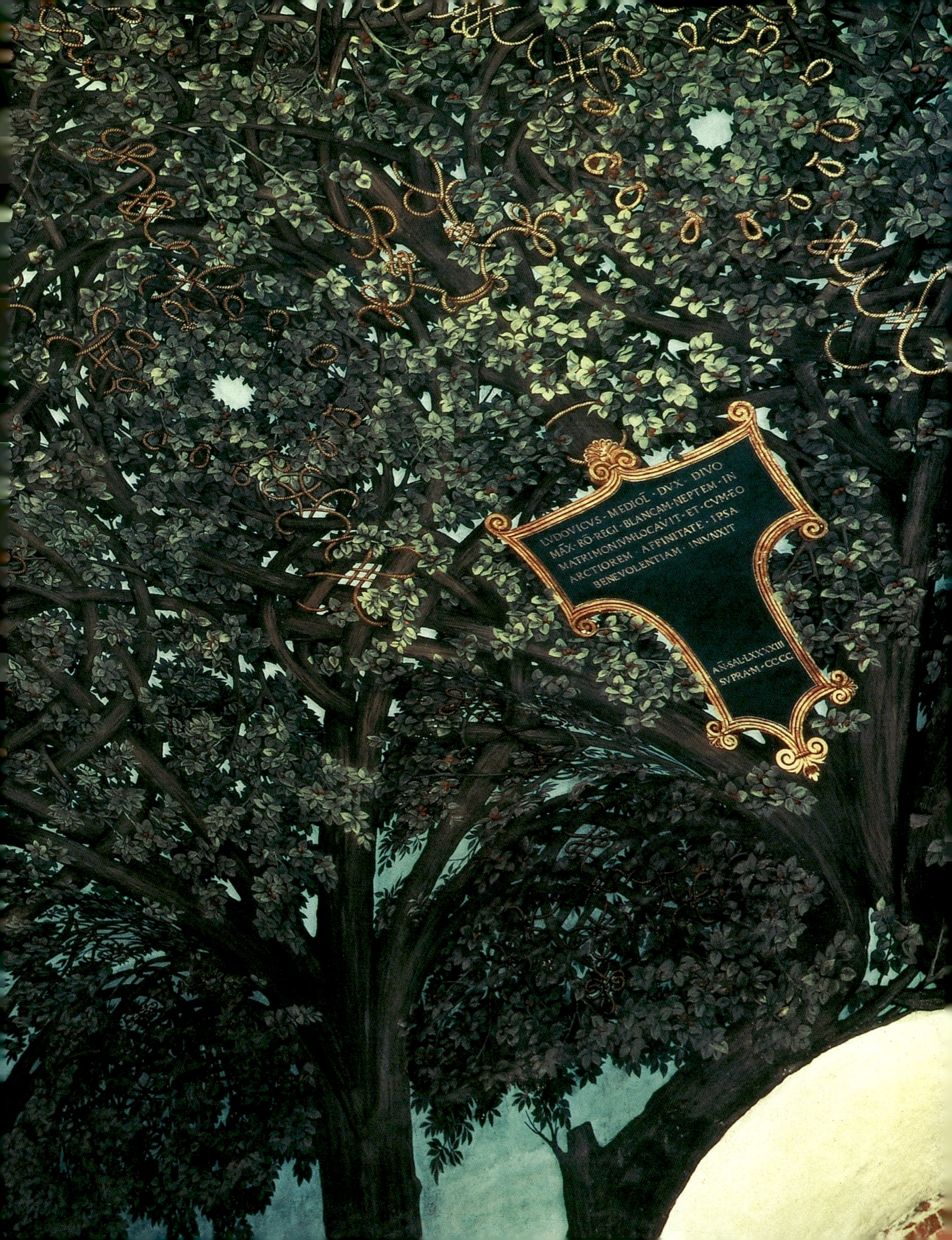

LVDOVICVS · MEDIOL · DVX · DIVO
MAX · RŌ · REGI · BLANCAM · NEPTEM · IN
MATRIMONIVM LOCAVIT · ET · CVM · EO
ARCTIOREM · AFFINITATE · IPSA
BENEVOLENTIAM · INIVNXIT
AŃ · SAL · LXXXXIII
SVPRA · M · CCCC

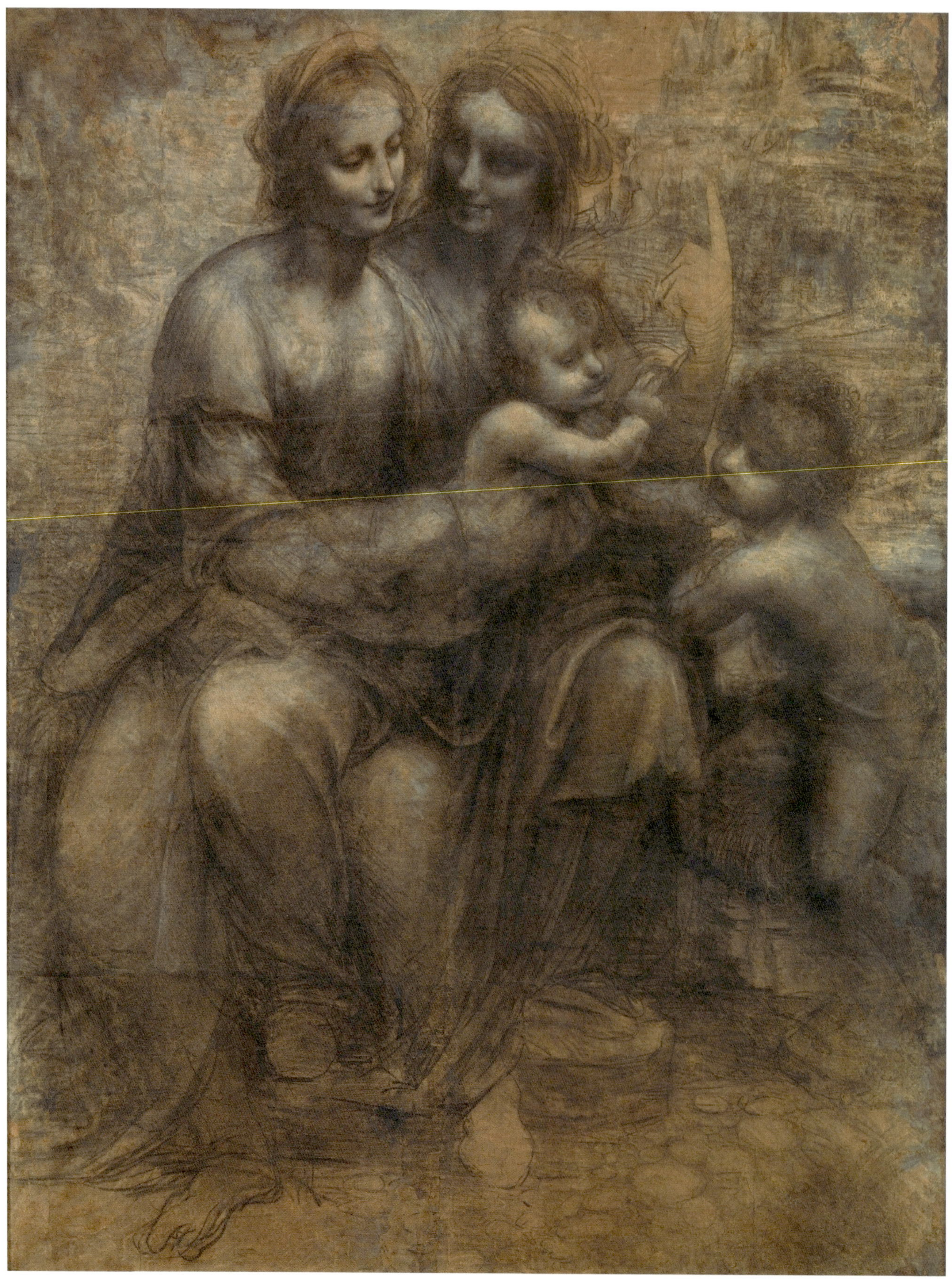

Les années d'itinérance

Avec la chute de Ludovico Sforza, Léonard perd son mécène le plus important
et le plus puissant. Cependant, avant de quitter Milan, l'artiste, dont la réputation dépasse les frontières de l'Italie, semble avoir pris contact avec la Cour
de France. Cela aura une certaine importance par la suite. Louis XII, roi de
France, a été apparemment très impressionné par *La Cène* à San Maria delle
Grazie et par la *Vierge aux rochers*. Sans doute sous l'emprise de ces œuvres,
il commande à Léonard en 1499 un tableau de grand format *Sainte Anne avec la
Vierge, l'Enfant Jésus et saint Jean Baptiste*. Ce tableau, qui devait apparemment
être à offert à Anne de Bretagne, épouse de Louis XII, ne fut jamais terminé.
Il est cependant conservé sous forme de projet de grandeur nature. Ce carton
appelé *Burlington House Cartoon* (ill. p. 60), présente déjà la conception d'ensemble de l'œuvre. Les personnages sont placés devant un paysage rocheux ;
Marie est assise de côté sur les genoux de sa mère Anne. L'Enfant Jésus semble
glisser de ses bras ; il se tourne, faisant un geste de bénédiction, vers le jeune
Baptiste qui arrive de la droite. Les différents contours des personnages de la
moitié supérieure du tableau sont entièrement définis ; seuls les pieds des deux
femmes, ainsi que la main gauche levée de sainte Anne qui désigne quelque
chose, semblent être inachevés. En revanche, on remarque le parfait modelé
des visages dont les dégradés foncés et les rehauts blancs montrent les qualités
d'une œuvre achevée.

Le tableau destiné à Louis XII n'a sans doute pas été achevé en raison de
la vie errante que Léonard commence à mener après avoir quitté Milan en
décembre 1499. Il se rendit d'abord à Mantoue, où Isabelle d'Este s'était faite
la protectrice généreuse, bien que capricieuse, des arts. On pense qu'un carton
du portrait d'Isabelle a été réalisé ici en décembre 1499, ou au début de l'année
suivante. Ce portrait de profil entre dans la lignée des portraits traditionnels
de la Cour de Mantoue (ill. p. 63). Ce mode de représentation permettait
non seulement de reconnaître les personnages, mais reflétait également, selon
les formules de portraits plus anciennes, le comportement social standardisé
des membres de la Cour. Une étude de caractère réalisée un peu plus tard,
qui représente sans doute un baron tzigane (ill. p. 62), contraste par son interprétation beaucoup moins normalisée du visage. L'expression de celui-ci est
à la limite du grotesque et ne laisse supposer aucun contrôle ou normalisation.
L'objectif de ce dessin semble être de représenter l'expressivité, alors que le

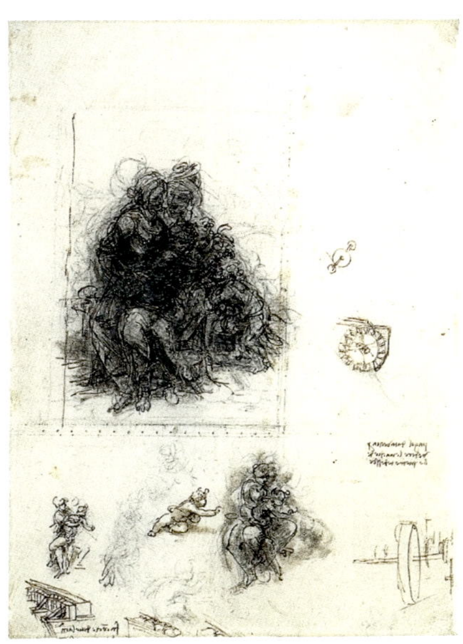

*Étude pour Sainte Anne, la Vierge et
l'Enfant Jésus*, vers 1501 (?)
Plume et encre sur pierre noire, 26 x 19,7 cm
Londres, British Museum

Le dessin illustre on ne peut mieux la sponta-
néité de Léonard qui dessinait souvent de nombreuses variantes de mouvements et des idées
de tableau les unes par-dessus les autres.

*Burlington House Cartoon
(Sainte Anne avec la Vierge, l'Enfant Jésus et
saint Jean Baptiste)*, 1499–1500 ou vers 1508 (?)
Fusain, en partie rehaussé de blanc sur papier
teinté de brun, marouflé sur toile 141,5 x 106,5 cm
Londres, The National Gallery

Le carton est sans doute un projet pour un
tableau que le roi de France avait commandé
à Léonard pour l'offrir à son épouse.

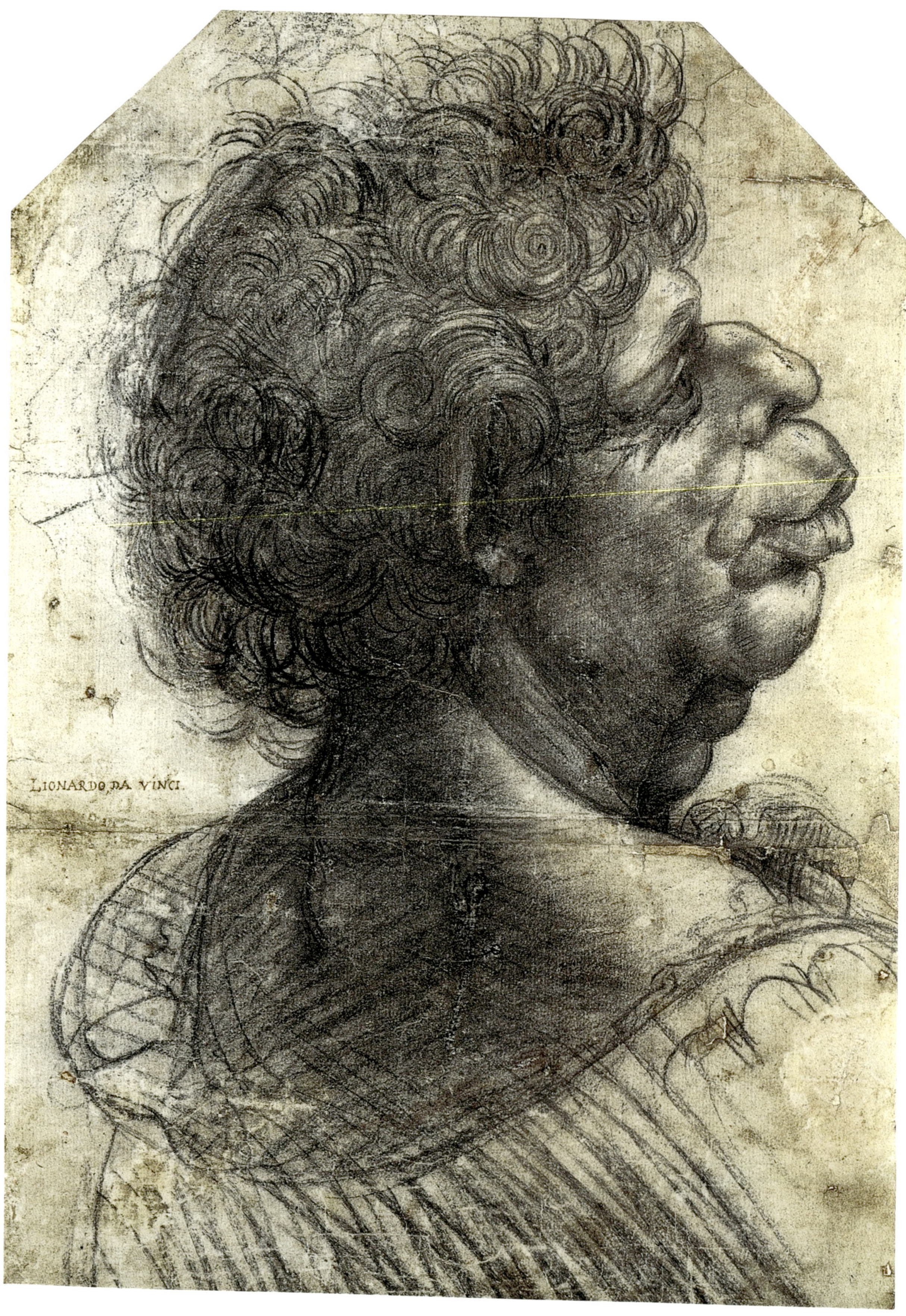
LIONARDO DA VINCI.

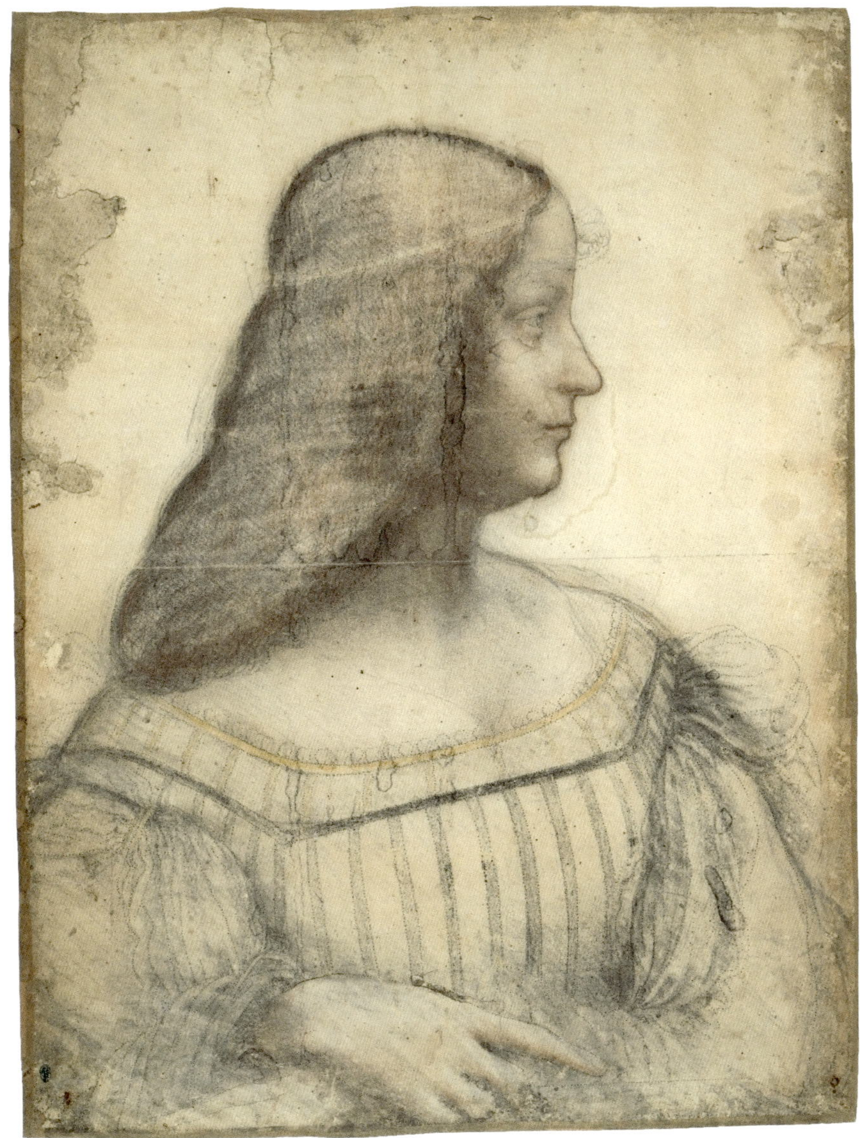

*Portrait d'une jeune femme de profil
(Isabelle d'Este)*, vers 1499/1500
Pierre noire et sanguine sur papier,
perforé, 63 x 46 cm
Paris, Musée du Louvre

Le carton réalisé sans doute pour un tableau
de même format qui ne vit jamais le jour, nous
montre la technique utilisée par Léonard pour
les portraits. Les contours essentiels sont perforés à l'aide d'une fine pointe d'aiguille, ce qui
permet un « calquage » exact du portrait sur
une planche.

portrait de profil d'Isabelle d'Este veut rendre l'impression de recueillement.
C'est pour cette raison que Léonard a évité les éléments agités dans le tableau
et réalisé le portrait presque grandeur nature, avec une grande exactitude, surtout en ce qui concerne le visage. Les perforations précises le long des lignes les
plus importantes de ce carton indiquent que l'artiste avait fait des préparatifs
pour transposer directement le projet de portrait sur un autre support. La
peinture à l'huile prévue n'a sans doute jamais été réalisée, car Léonard part
dès mars 1500 pour Venise, puis en avril pour Florence où il obtiendra bientôt
de nouvelles commandes, et trouvera d'autres champs d'activités.

De retour dans sa ville natale, et si l'on en croit Giorgio Vasari, Léonard se
serait consacré à la réalisation d'un retable peint pour les moines servites dans
leur église de la Santissima Annunziata. Il réalise tout d'abord au monastère des
servites un carton représentant sainte Anne, la Vierge, l'Enfant Jésus et l'agneau ;
ce projet sera exposé et les Florentins « se pressèrent en foule durant deux
jours pour le voir ». Nous ne savons pas exactement quelle œuvre décrit Vasari,
mais le tableau *Sainte Anne, la Vierge et l'Enfant Jésus* aujourd'hui accroché au

*Étude d'un portrait
d'homme grotesque*, vers 1500–05
Pierre noire, retravaillé par une
autre main, perforé, 39 x 28 cm
Oxford, Governing Body, Christ Church

La plus grande des *Têtes grotesques* de Léonard
est considérée comme étant celle d'un tzigane.
Il est frappant de constater la composition plus
réaliste et plus dramatique de cette œuvre comparée au portrait d'Isabelle d'Este.

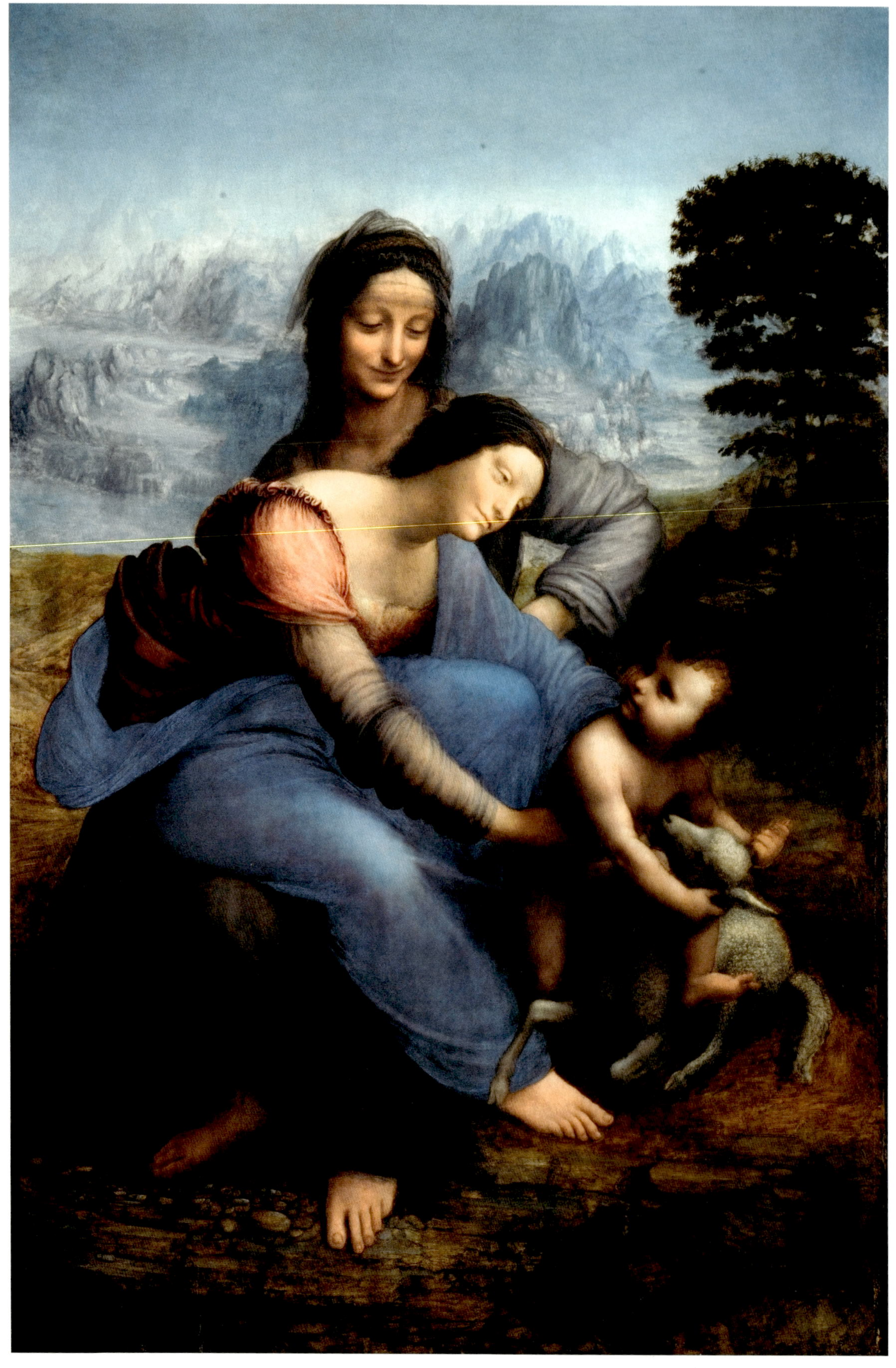

Louvre, a dû être réalisé, ou du moins son projet, au cours des deux premières années du 16e siècle à Florence. Cette hypothèse est confirmée par une lettre de Fra Pietro da Novellara, frère de l'ordre du Carmel, qui écrit le 3 avril 1501 à propos de Léonard à Florence : « Le genre de vie de Léonard est changeant et très indéfini. On a l'impression qu'il vit au jour le jour. Depuis son arrivée à Florence, il n'a réalisé qu'un seul carton, sur lequel l'Enfant Jésus, âgé d'environ un an, tombe presque des bras de sa mère. Il se tourne vers un agneau et semble le prendre dans ses bras. La mère, qui se lève presque de sur les genoux d'Anne, retient l'enfant afin de le séparer de l'agneau (l'animal sacrifié présageant la Passion). Sainte Anne, se redressant un peu, semble vouloir retenir sa fille afin qu'elle ne sépare pas l'enfant du petit agnelet. Peut-être Anne représente-t-elle l'Église qui ne veut pas que la Passion du Christ soit empêchée. Ces personnages sont grandeur nature, mais trouvent place dans ce petit carton parce qu'ils sont tous soit assis, soit penchés, et ont l'air d'être juxtaposés les uns derrière les autres vers la gauche.

La description de Novellara, qui est en même temps une interprétation religieuse intéressante du tableau, se rapporte sans doute à la composition qui se trouve au Louvre. Toutefois, la réalisation et la finition du tableau sur le modèle du carton auraient pu être exécutées quelques années plus tard, même si les éléments de la composition ainsi que les visages de *Sainte Anne, la Vierge et l'Enfant Jésus* et du *Burlington House Cartoon*, commencé en 1499, sont modelés de manière similaire et laissent penser qu'ils ont été réalisés à la même époque. Il est remarquable que dans ces deux œuvres, Marie et sa mère Anne montrent à peine une différence d'âge. En outre, dans le tableau de Paris, les corps des deux femmes ont l'air de se fondre l'un dans l'autre. Léonard développe dans

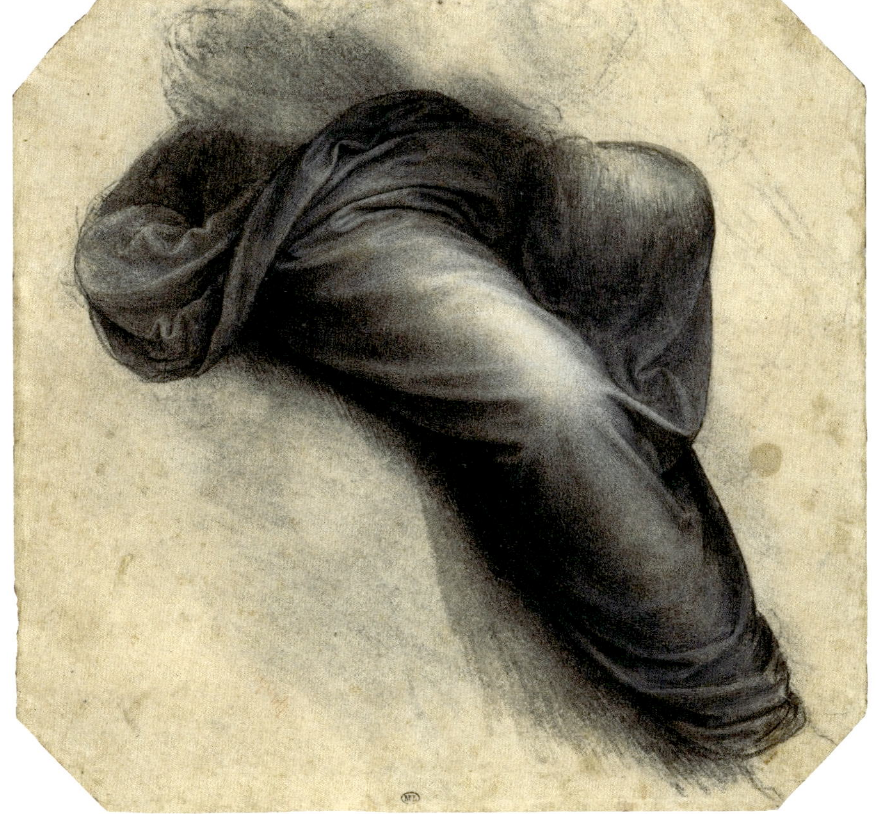

Étude de drapé pour la peinture de Sainte Anne, la Vierge et l'Enfant Jésus, vers 1501 ou vers 1510/11 (?)
Pierre noire, pinceau, lavis noir et rehauts de blanc sur papier blanc, 23 x 24,5 cm
Paris, Musée du Louvre, Cabinet des dessins

Sainte Anne, la Vierge et l'Enfant Jésus, vers 1503–19 (?)
Huile sur bois de peuplier, 168,4 x 113 cm
Paris, Musée du Louvre

Vers la fin de sa vie, Léonard a retravaillé le tableau sans doute destiné à l'autel de la chapelle Giacomini-Tebalducci de l'église Santissima Annunziata à Florence.

le tableau une séquence de personnages se rapportant les uns aux autres,
comme si Anne et Marie avaient le même corps, représenté dans les différentes
étapes d'un mouvement. Cette impression d'unité physique, dont le personnage
de l'Enfant Jésus semble même être le prolongement, est confirmée par le sen-
timent bizarre que les deux femmes ont le même âge. Les trois pieds visibles
de Marie et d'Anne, suivent un rythme homogène qui paraît presque artificiel,
et ne permet pas au spectateur de distinguer de prime abord les membres de
chaque personnage. La position du pied droit de Marie, à droite à côté du pied
gauche d'Anne, ne cesse également d'étonner. On a d'abord l'impression que
Marie aurait croisé les jambes de manière tout à fait curieuse. Mais un examen
plus attentif éclaire la position du personnage, et le spectateur reconnaît, d'après
les mouvements, de quoi il s'agit et le sens profond qui s'en dégage : la relation
réciproque des personnages et l'âge semblable de Marie et Anne soulignent
le rapport familial étroit entre Anne, Marie et l'Enfant Jésus. En même temps,
l'intimité de la scène valorise aussi le statut des deux femmes qui forment, de
toute manière, le point central du tableau, alors que l'Enfant Jésus apparaît un
peu à l'écart.

À côté de la richesse en mouvements de *Sainte Anne, la Vierge et l'Enfant
Jésus*, nous remarquons surtout le paysage montagneux qui semble se dresser,
remplissant la totalité de l'arrière-plan. Les sommets, disparaissant dans le lointain nébuleux, forment un horizon très élevé et dépassent même, à droite, la tête
de sainte Anne. L'arrière-plan apparaît ainsi plus dominant et plus monumental
que dans les tableaux antérieurs de Léonard et ceux de ses contemporains.
Cette monumentalité a sans doute un rapport avec les études géologiques de
l'artiste, ou bien avec ses idées sur le cycle éternel de la nature. En tout cas,
Léonard nous démontre la puissance de son imagination artistique et son talent
pictural, qu'il décrit ainsi dans son traité de la peinture : « Si le peintre veut
voir de belles choses qui le transportent, alors il sera capable de les décrire [...].
S'il désire voir des régions habitées ou désertiques, des coins ombragés ou
sombres au moment de la grosse chaleur [...], alors qu'il les représente. Veut-il
des vallées, veut-il depuis de hauts sommets, voir se dérouler devant lui de
vastes champs, et voir derrière eux la mer à l'horizon, il en est le maître, de
même que s'il veut remonter des profondes vallées et redescendre vers les
basses vallées, et porter son regard sur les coteaux. En vérité, tout ce qui existe
dans l'univers, que ce soit réalité ou seulement présent dans son imagination,
l'artiste l'a d'abord dans son esprit, puis dans ses mains. » (fol. 5r) On peut aussi
supposer que le paysage possède un caractère symbolique au sens religieux : les
différents éléments, comme la nature inhospitalière non touchée par l'homme,
la lumière claire et transparente, l'atmosphère lumineuse et la brume froide
qui adoucit la chaleur du soleil sont connus par des supplications mariales
chantées de l'époque. Ces éléments se retrouvent dans les prières quotidiennes,
et sont compris comme des métaphores de Marie qui a mis Jésus au monde
miraculeusement, sans contact avec les êtres humains.

La Vierge au fuseau (ill. p. 69), tableau que Léonard commença au printemps 1501 pour Florimont Robertet, secrétaire du roi de France, révèle une
intensité encore plus importante de formations montagneuses au ciel clair
et lumineux. Ce tableau de petit format représentant la Vierge très juvénile et
l'Enfant Jésus est conservé en plusieurs variantes ; deux d'entre elles auraient
été réalisées partiellement de la main du maître. La petite œuvre thématise,
d'une part, l'amour de Marie pour son enfant sur lequel elle pose un regard
plein de tendresse, et d'autre part, la Passion du Christ ; l'Enfant Jésus s'inté-

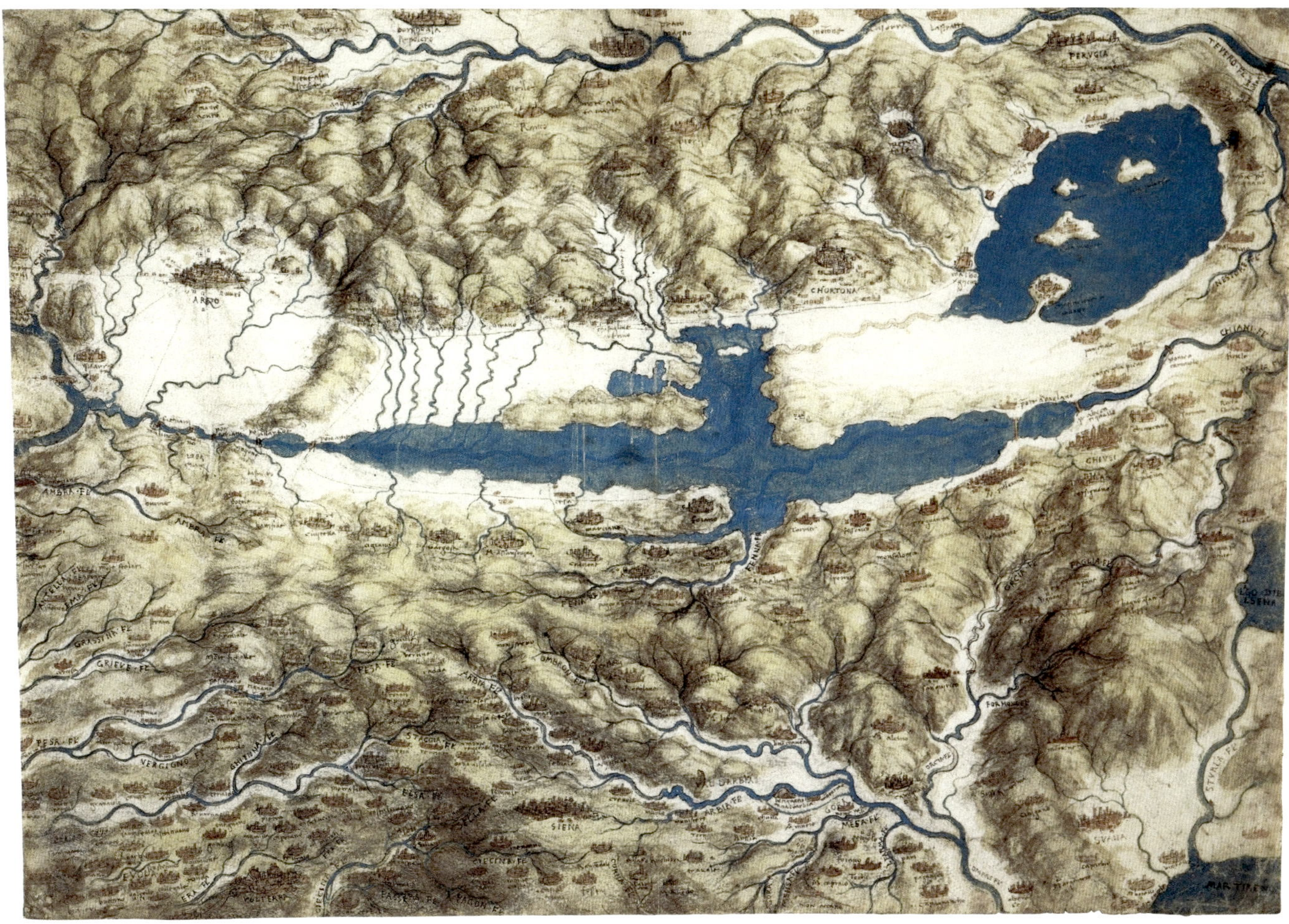

resse intensément au fuseau qui, en raison de sa ressemblance avec une croix, est considéré comme le symbole de sa mort sacrificielle. Marie semble vouloir réprimer le mouvement de l'enfant vers le fuseau, sa main gauche entoure tendrement son corps. Cependant, même Elle ne peut pas changer le destin du Christ, qui est de mourir sur la croix. L'enfant se détourne du regard aimant de sa mère. Il s'est déjà éloigné de la main droite de cette dernière, levée comme si elle voulait le protéger, pour consacrer toute son attention au symbole de sa Passion.

Les travaux de Léonard pour *Sainte Anne, la Vierge et l'Enfant Jésus* et *La Vierge au fuseau* donnent l'impression que l'artiste se consacrait avec beaucoup d'enthousiasme à la peinture en ce début du 16ᵉ siècle. En fait, il n'en est rien, car à cette époque-là, il s'intéressait surtout à d'autres choses, par exemple les mathématiques et la géométrie. Ses contemporains, étonnés et agacés, parlent de sa mauvaise grâce à se consacrer à la peinture, ou se plaignent de son extrême lenteur à réaliser les commandes : si un concours du peintre le plus lent existait, Léonard en serait certainement le vainqueur (Beltrami 143). Au cours de l'été 1502, il se tourne vers un tout autre domaine en entrant au service du général César Borgia en tant qu'ingénieur militaire. C'est avec cet homme de mauvaise réputation qu'il parcourra toute l'Italie centrale pendant près d'un an. Ces voyages lui permirent de réaliser les études les plus diverses ; il exécutera entre autres pour son maître, des cartes topographiques à des fins stratégiques.

Vue d'oiseau d'un paysage cartographié avec les villes toscanes d'Arezzo, Pérouse, Chiusi et Sienne, vers 1502
Plume, encre et détrempe, 33,8 x 48,8 cm
Windsor Castle, Royal Library

Léonard a sans doute réalisé ce genre de paysages sur commande de César Borgia pour ses expéditions militaires.

Les campagnes militaires de César Borgia demandaient une connaissance détaillée du terrain, et les vues à vol d'oiseau expressives et exactes dessinées par Léonard la lui fournissaient (ill. p. 67). Les activités de Léonard pour César Borgia prendront fin dès le début de l'année 1503, lorsque l'artiste retournera à Florence pour se consacrer, un court laps de temps, à la peinture.

Étude d'un buste de femme, 1501
Sanguine sur papier (préparation rougeâtre),
22,1 x 15,9 cm
Windsor Castle, Royal Library

Giacomo Salaï (?), d'après un projet de Léonard
Madone au fuseau, vers 1501–07 (?)
Huile sur bois, 50,2 x 36,4 cm
Collection particulière

L'attribution de la petite œuvre est contestée.
La composition a été réalisée sur commande
pour Florimond Robertet, secrétaire du roi
de France.

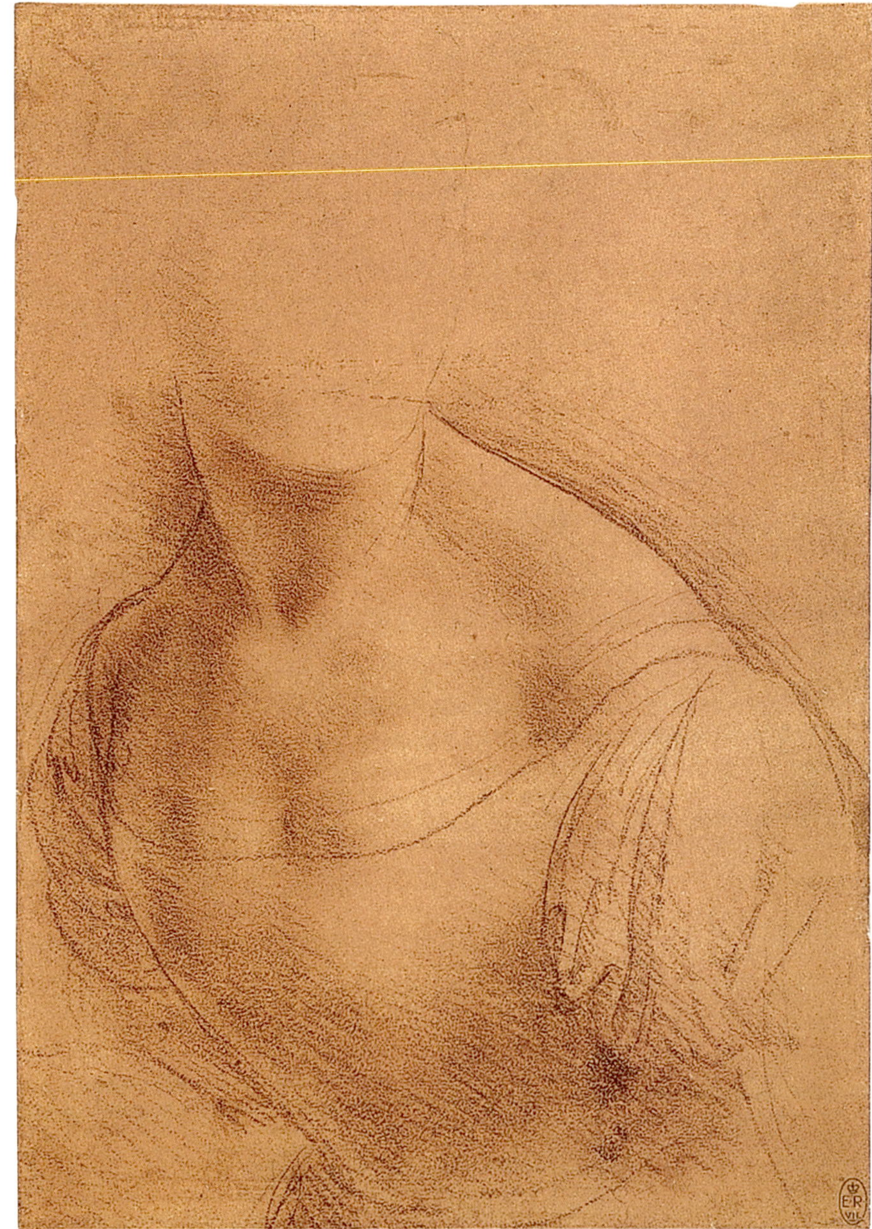

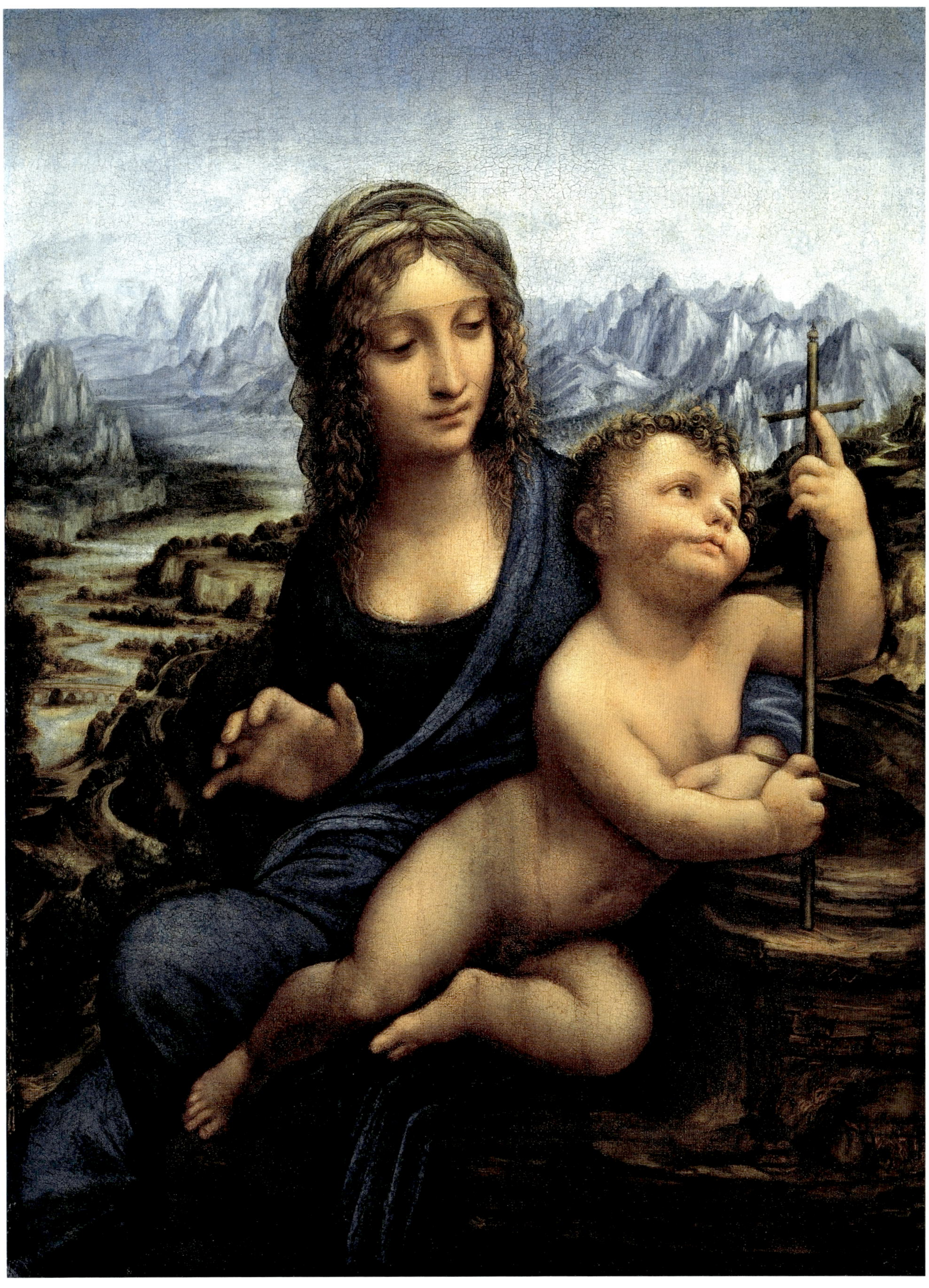

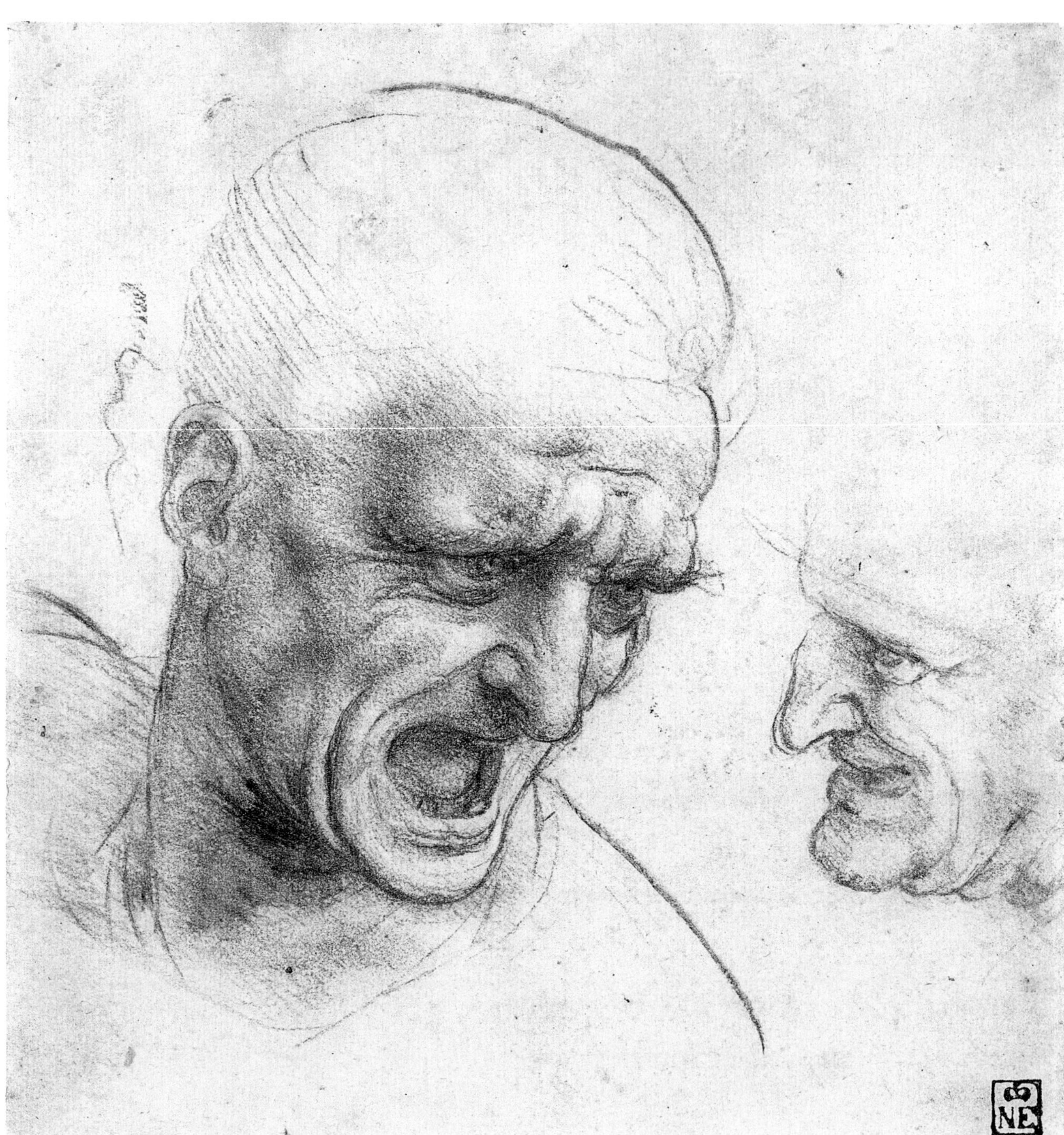

Combat de titans :
la rencontre avec Michel-Ange

Léonard rencontre bientôt à Florence les deux autres artistes éminents de la
Haute Renaissance florentine : Michelangelo Buonarotti et Raphaël. Une concurrence fructueuse s'instaure principalement entre Léonard et Michel-Ange,
de plus de vingt ans son cadet, lorsque le gouvernement florentin demanda
aux deux artistes de réaliser les panneaux de la salle du conseil du Palazzo
Vecchio. Avant cette rencontre mémorable de deux artistes aux natures opposées, Léonard avait déjà commencé à brosser le portrait de Lisa del Giocondo,
née en 1479. Considéré comme l'œuvre la plus connue de Léonard depuis le
milieu du 19e siècle, ce tableau connaît une célébrité mondiale depuis qu'il a
été volé du Louvre en 1911 par un peintre en bâtiment italien, et retrouvé en
1913 à Florence dans des circonstances curieuses. *La Joconde* est, depuis, sujette
à de nombreuses interprétations : il ne représenterait pas une femme, mais
Léonard lui-même et révélerait ses tendances homosexuelles. Si c'est quand
même une femme, elle aurait eu la syphilis, aurait été enceinte ou aurait la
moitié du visage paralysé, etc. On n'a même pas craint d'affirmer les choses les
plus faciles à réfuter : le tableau serait en mauvais état, abîmé et brutalement
scié sur les bords. Naturellement rien de tout cela n'est vrai. L'œuvre est en parfait état, le spectateur impartial ne distingue aucune trace de maladie et de
souffrance sur le visage de Mona Lisa. En outre, étant assez bien informés des
conditions dans laquelle l'œuvre fut réalisée, rien ne nous permet de prêter
foi à ces mystérieuses suppositions. Le mari de Lisa, un riche marchand de
soie florentin, entretenait des relations avec le cercle d'amis de la famille de
Léonard. Il se peut que par l'intermédiaire de ces relations, l'artiste ait obtenu
la commande de ce portrait. Celle-ci a été motivée par des événements con-
crets. Au printemps 1503, Francesco del Giocondo avait acheté une nouvelle
maison pour sa jeune famille et, quelques mois auparavant, Lisa avait donné
le jour à un fils. Dans la Florence des 15e et 16e siècles, une bonne raison pour
commander un portrait.

En concevant le plan formel de *La Joconde*, Léonard s'est orienté nettement
sur des portraits de la peinture florentine de la fin du 15e siècle qui se référaient
eux-mêmes aux modèles flamands (ill. p. 72). Le portrait en buste est tourné
aux deux tiers vers le spectateur, un parapet décoré de quelques colonnes
forme la transition avec le paysage de l'arrière-plan. Cependant Léonard va
beaucoup plus loin que ses modèles traditionnels ; dans le portrait de Mona

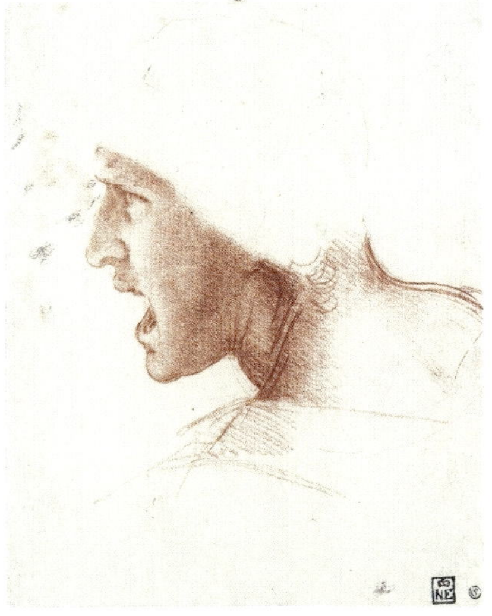

Étude d'une tête de soldat, 1503/04
Sanguine, 22,7 x 18,6 cm
Budapest, Szépmüvészeti Múzeum

L'étude de Léonard a servi de modèle
pour le profil, à droite, du premier cavalier
florentin de la bataille d'Anghiari.

Étude de deux soldats, 1503/04
Pierre noire et sanguine sur
pointe de métal, 19,1 x 18,8 cm
Budapest, Szépmüvészeti Múzeum

L'étude de Léonard a servi de modèle pour le
profil, à droite, du premier cavalier florentin
de la bataille d'Anghiari.

Ce dessin expressif représente une étude préliminaire pour le visage de Niccolò Piccinino, le
commandant des troupes milanaises vaincues
par les Florentins à la bataille d'Anghiari.

Léonard s'est inspiré de ce genre de portrait développé à Florence pour son portrait de la Joconde.

Le jeune Raphaël s'est inspiré pour ce portrait, ainsi que pour d'autres commandes de ses clients florentins, de la Joconde de Léonard. La licorne, animal fabuleux qui ne se laisse approcher que par les vierges, était le symbole de la vertu.

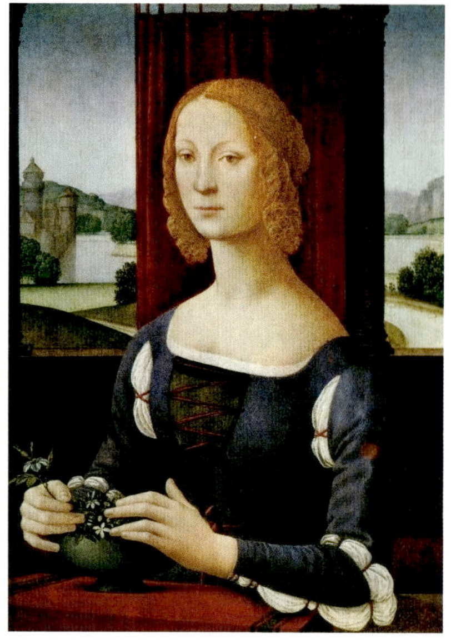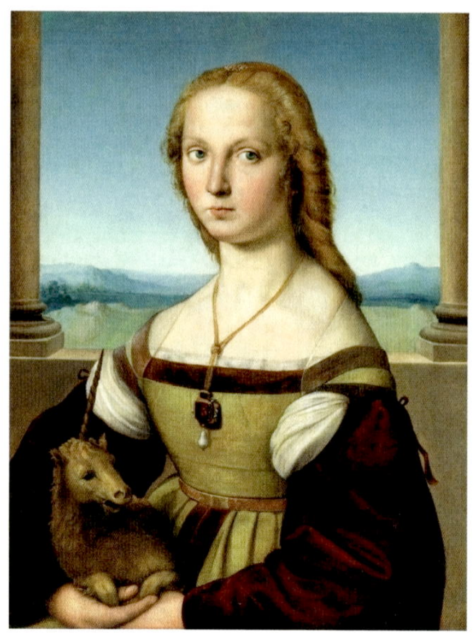

Portrait de Lisa del Giocondo (la Joconde, Mona Lisa), 1503–06 et plus tard (1510 ?)
Huile sur bois de peuplier, 77 x 53 cm
Paris, Musée du Louvre

Le tableau le plus célèbre du monde a été exécuté pour Francesco del Giocondo, négociant en soie. Il avait commandé le portrait de sa femme lors de l'installation de son ménage et la naissance de son fils.

Lisa, le personnage représenté est très proche du premier plan ; la distance moins prononcée avec le spectateur augmente l'intensité de l'œuvre, le paysage à l'arrière-plan suggère une profondeur plus grande et une ambiance plus dense. Des silhouettes de montagnes déchiquetées se perdent dans le lointain devant un ciel bleu vert. On reconnaît un chemin sur le côté gauche du paysage austère, sur le côté droit, le cours d'une rivière tarie, dont le lien avec un réservoir d'eau n'est pas très clair. Les différents éléments du paysage, dépourvu de végétation, rappellent des formations de montagnes analogues dans les tableaux religieux que Léonard avait commencés peu de temps auparavant. On ne peut réfuter la parenté formelle du portrait avec les représentations de madones, ce qui est également valable pour d'autres portraits de femmes de la Renaissance. La mère de Dieu servait de modèle à chaque femme respectable ; les parallèles sur le plan formel entre les tableaux de madones et les portraits correspondent à cet état de fait. Le sourire de la Joconde est aussi apparenté à ceux de sainte Anne ou de Marie, et fait partie du répertoire standard des peintres de la fin du 15e siècle et du début du 16e siècle. Ce sourire correspondait, en outre, à un idéal contemporain des attraits féminins : les traits du visage souriant reflètent la beauté et ainsi la vertu de la femme. La beauté était l'expression d'un caractère vertueux, la beauté extérieure pare la vertu, voilà ce que pensaient les contemporains. On retrouve ces idées dans le portrait de Ginevra de' Benci (ill. p. 19). Du reste, il ne faut pas oublier les circonstances de la vie de Lisa del Giocondo qui avait fait un bon mariage. Elle était originaire d'une famille plus modeste que celle de son mari, et celui-ci, en plus, se révéla être un époux prévenant. Lisa avait donc de bonnes raisons de regarder le monde le sourire aux lèvres.

La remarquable qualité picturale du portrait repose tout d'abord sur un agencement méticuleux des détails. Un voile vaporeux couvre les cheveux qui tombent librement ; la robe sombre comporte, surtout au-dessous du décolleté, de nombreuses broderies et des petits plis verticaux. Léonard a donné à l'étoffe plus lourde des manches couleur moutarde, le reflet de la brillance naturelle. Mais surtout, le visage et les mains montrent de nombreuses ombres et des dégradés, ce qui génère une impression d'ensemble très plastique. L'effet suggestif

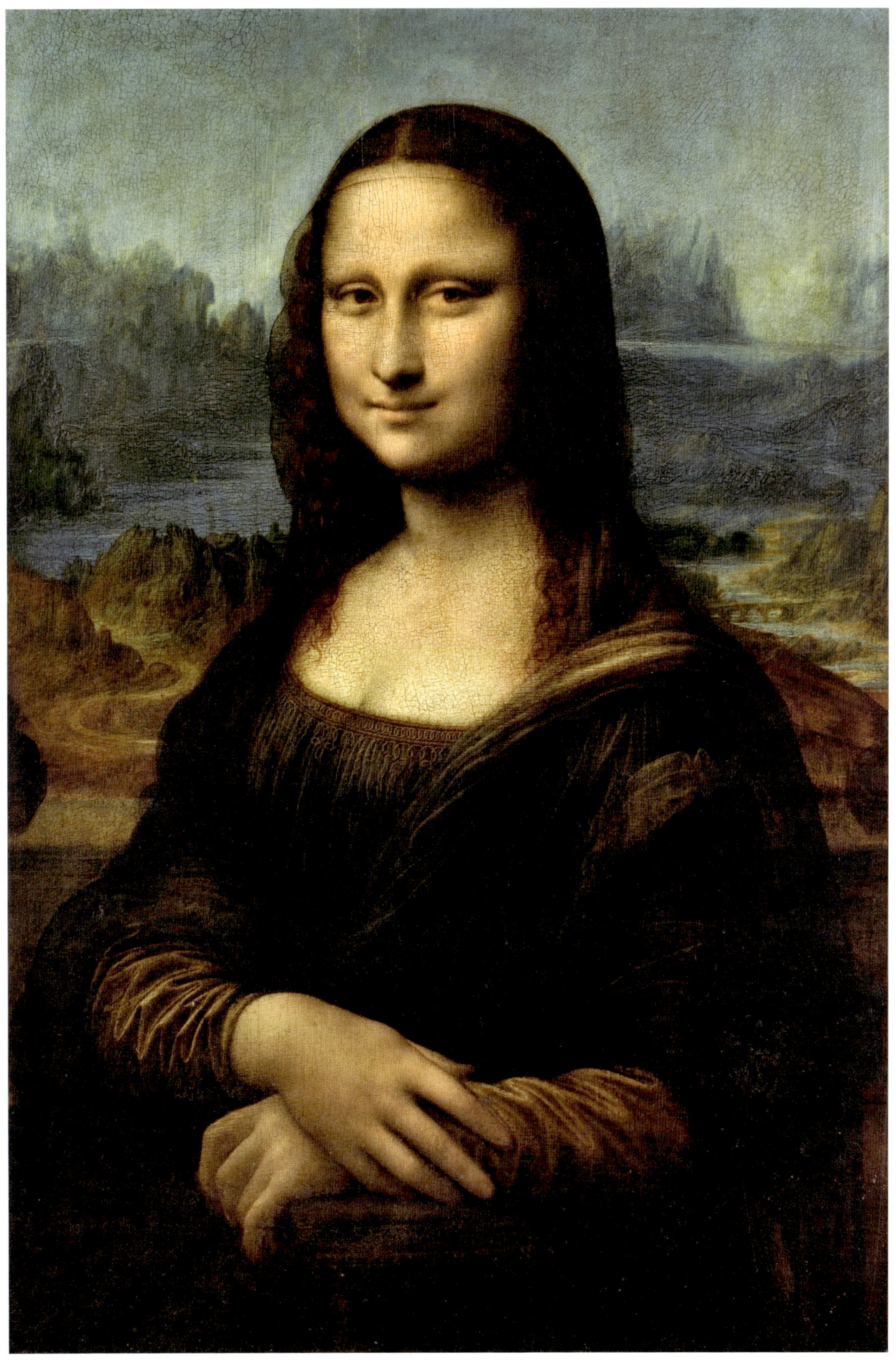

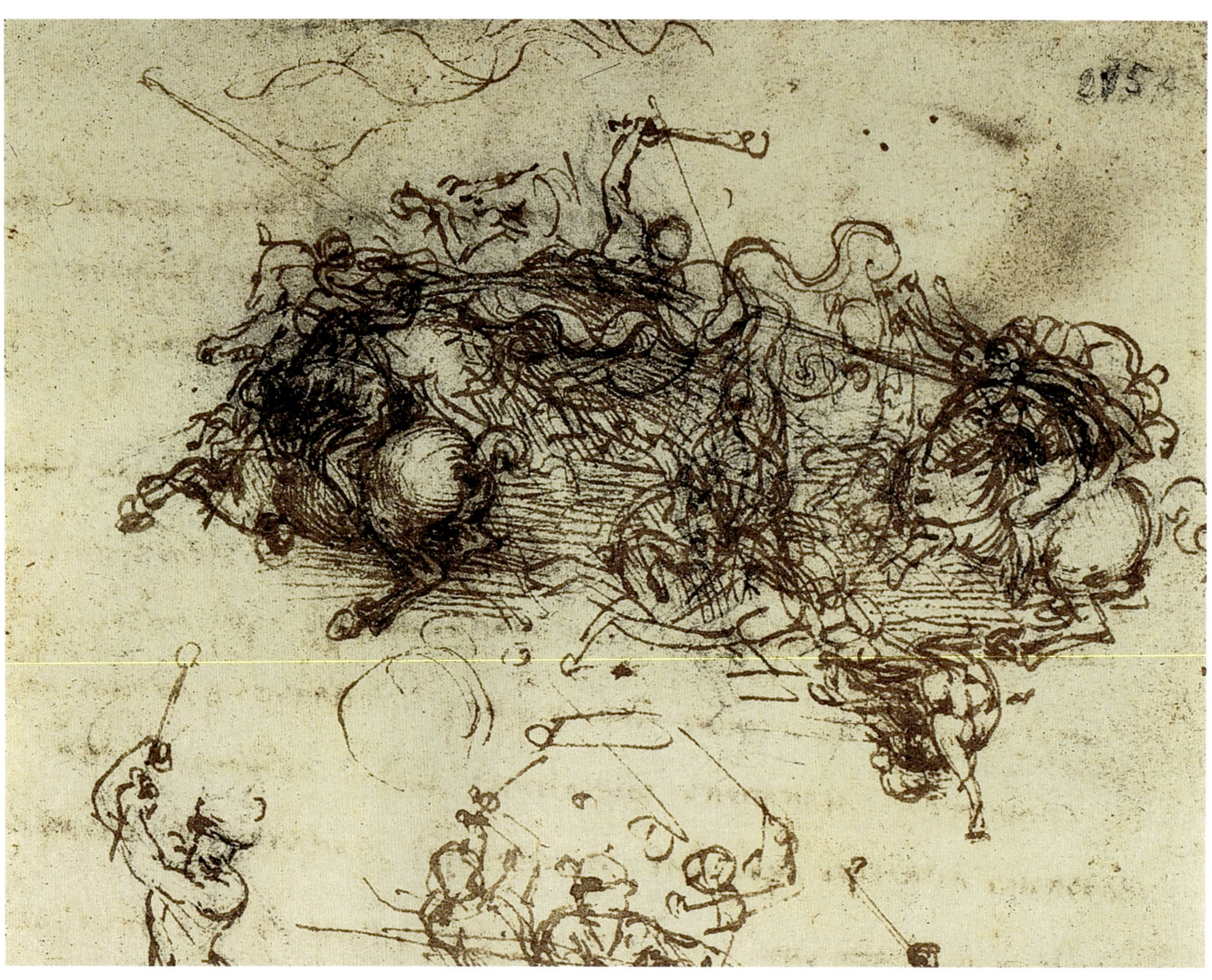

Étude de combat équestre et
de soldats d'infanterie (détail), 1503
Plume et encre, 16 x 15,2 cm
Venise, Gallerie dell'Accademia

du portrait repose en grande partie sur cette plasticité ainsi que sur la lumière, si artistiquement mise en scène, qui baigne le paysage de l'arrière-plan et met en relief le personnage. En revanche, pour le visage, il faut imaginer un autre éclairage, une source de lumière artificielle se trouvant devant le tableau.

Le portrait de Lisa del Giocondo a déjà influencé de manière déterminante la peinture florentine avant d'être achevé. Le jeune Raphaël, qui avait effectué plusieurs séjours dans l'atelier de Léonard, reprit immédiatement le schéma de représentation du maître plus âgé et réalisa, à partir du modèle de la Joconde, un modèle de portrait valable pour des décennies. Contrairement à Léonard qui n'a jamais remis le portrait de Lisa à son commanditaire Francesco del Giocondo, Raphaël réalisa rapidement les commandes florentines pour ce nouveau genre de portrait. Léonard reçoit, dès l'automne 1503, la commande beaucoup plus importante de la décoration picturale de la grande salle du Palazzo Vecchio, siège du gouvernement florentin. Il remet la finition du portrait à une date ultérieure.

La peinture murale pour le Palazzo Vecchio que Léonard laisse inachevée au printemps 1506 et qui a été détruite au milieu du 16e siècle, représente la bataille d'Anghiari, victoire remportée en 1440 par les Florentins et leur allié papal sur les troupes milanaises, près de la petite ville d'Anghiari. La représentation

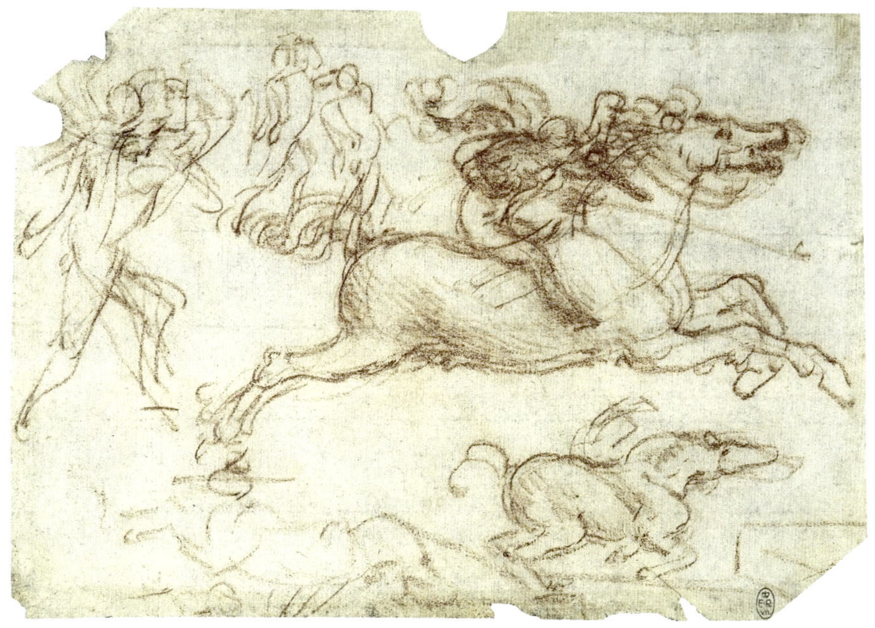

*Études de cavaliers lancés au galop
et de combattants à pied*, vers 1503/04
Sanguine, 16,8 x 24 cm
Windsor Castle, Royal Library

de la bataille de Cascina par Michel-Ange aurait dû prendre place à côté de
la composition de Léonard. Il s'agissait d'une mise en garde des Florentins, en
juillet 1364, contre l'ennemi en marche, ce qui leur permit de sortir victorieux
de l'échauffourée. Les deux tableaux, que nous connaissons uniquement par des
copies de l'époque, auraient dû devenir au début du 16ᵉ siècle la plus impressionnante représentation picturale réalisée dans une pièce d'un édifice public.
Les dessins de Léonard, ainsi que des copies de l'époque, transmettent encore
aujourd'hui tout le dynamisme et l'aspect dramatique de la composition de
l'artiste qui s'est inspiré au niveau des formes d'un camée antique représentant
la chute de Phaéton (ill. p. 76). Ces dessins et copies montrent surtout quatre
cavaliers furieux se battant pour une bannière et sa hampe. Il s'agit, à gauche,

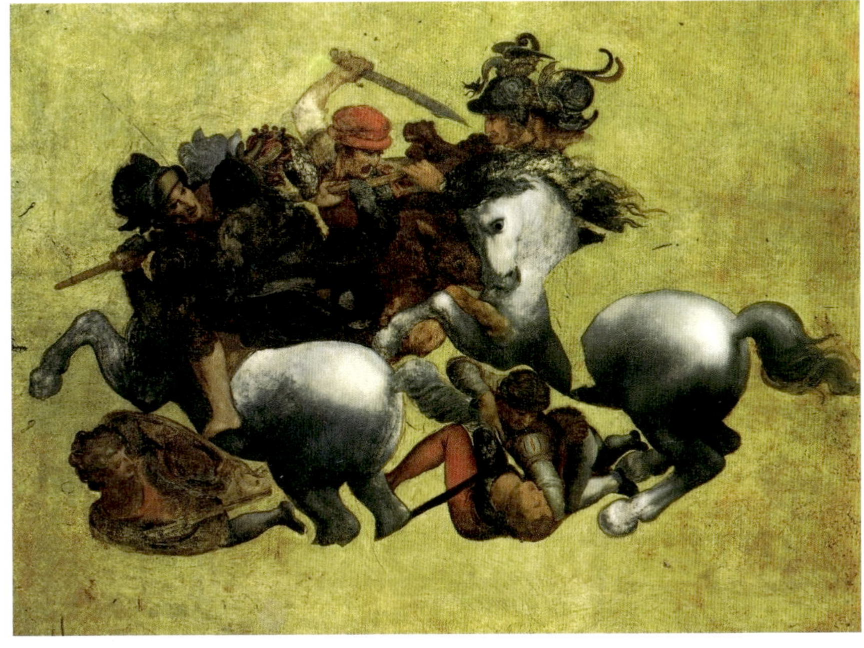

*La Bataille d'Anghiari, copie d'après la peinture
murale de Léonard (Tavola Doria)*, 1504–06
Huile sur bois, 85 x 115 cm
Collection particulière

La copie très fidèle montre le stade inachevé de
la fresque murale après que Léonard ait quitté
Florence en 1506.

de Francesco Piccinino et de son père Niccolò, commandants des troupes milanaises. Ils se trouvent en face de Piergiampaolo Orsini et Ludovico Scarampo, deux protagonistes des troupes alliées florentines papales qui remportèrent la victoire, et avec lesquels les spectateurs de l'époque pouvaient s'identifier. Cependant, on se tourne presque automatiquement vers les cavaliers de gauche, car ici aussi, comme souvent, la méchanceté et les puissances ennemies sont plus fascinantes que la bonté. Ces deux cavaliers, et surtout Francesco Piccinino, ont les traits déformés par la colère. À côté de sa physionomie bestiale, Francesco tourne son torse et tient sa main gauche dans une position bizarre. Son buste semble de surcroît se fondre avec le corps du cheval. Ainsi l'homme et la bête ne font plus qu'un, le combattant se métamorphose en bête féroce, une créature déformée, dont la colère incontrôlée trouve son expression appropriée dans son corps distordu. Léonard représente l'adversaire de manière moins passionnée ; les protagonistes sont les troupes florentines et leur allié papal. Bien qu'ils n'aient pas l'air pacifique, les profils de leurs visages sont beaucoup moins déformés et leurs corps ne sont pas distordus. Ils représentent un autre idéal, plus harmonieux, du combat, qui paraissait déjà beaucoup moins intéressant aux yeux des contemporains de Léonard que la personnification négative de la furie guerrière déchaînée, représentée dans le camp adverse.

À la colère frénétique de Francesco Piccinino, dont l'équipement guerrier comporte plusieurs attributs de Mars, dieu de la Guerre, s'ajoute clairement sa distinction iconographique sous forme de bélier, son animal symbolique représenté sur sa poitrine. Les cornes d'Ammon, ainsi que la peau de bélier sur sa poitrine, font également partie de l'iconographie traditionnelle de Mars. Le commandement des troupes florentines arrivant de la droite est beaucoup moins pris par la colère guerrière et représente une tactique militaire réfléchie, calculée et propagée à l'époque à Florence. Un dragon, symbole de la sagesse et de l'astuce, apparaît sur quelques-unes des copies (ill. p. 75) et, sur presque toutes les autres, on distingue le masque de la déesse Minerve qui, dans la littérature antique, était considérée comme le garant d'une guerre menée de façon réfléchie et le vainqueur de Mars agissant de manière inconsidérée.

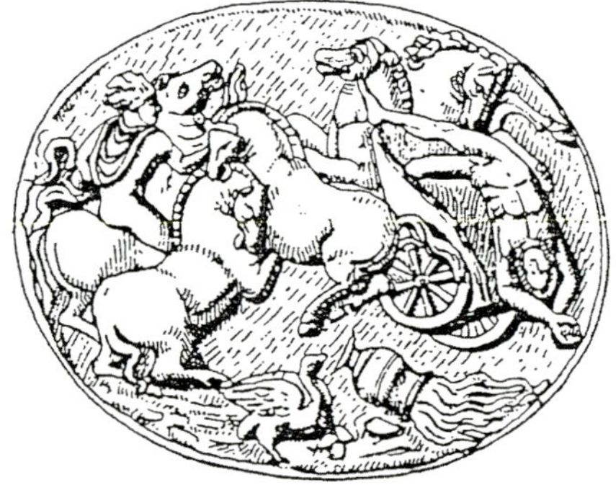

Gemme antique : La Chute de Phaéton
Tracé
Anciennement collection Médicis

Le camée antique a servi de modèle pour le combat de cavaliers de Léonard.

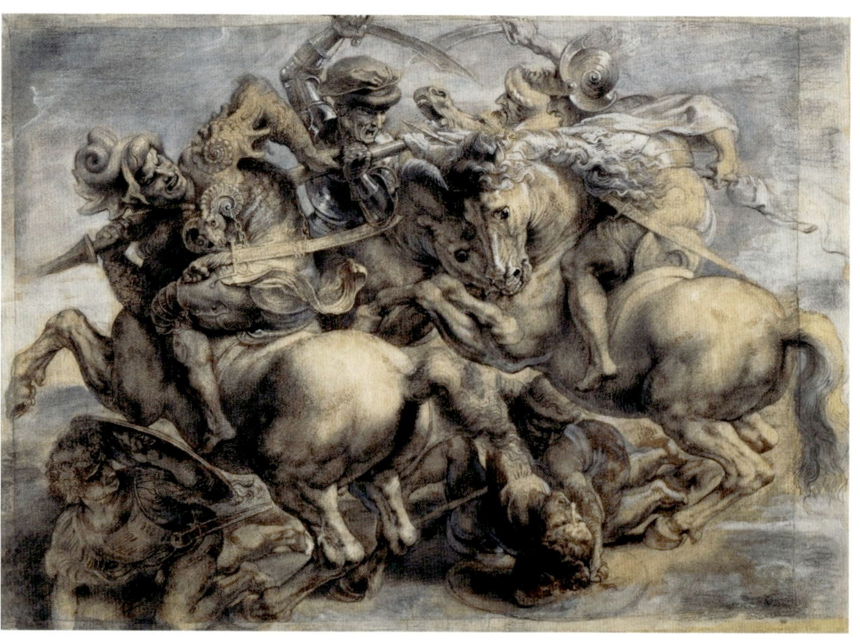

Artiste anonyme/Pierre Paul Rubens
Copie d'après la Bataille d'Anghiari de Léonard, avant 1550 et vers 1603
Pierre noire, plume, encre, rehauts au blanc de plomb, gouachages, 45,2 x 63,7 cm
Paris, Musée du Louvre

La plus belle des copies de la bataille d'Anghiari a été réalisée au milieu du 16e siècle et élargie sur les bords par Pierre Paul Rubens au 17e siècle. Rubens a également complété le sabre du quatrième cavalier.

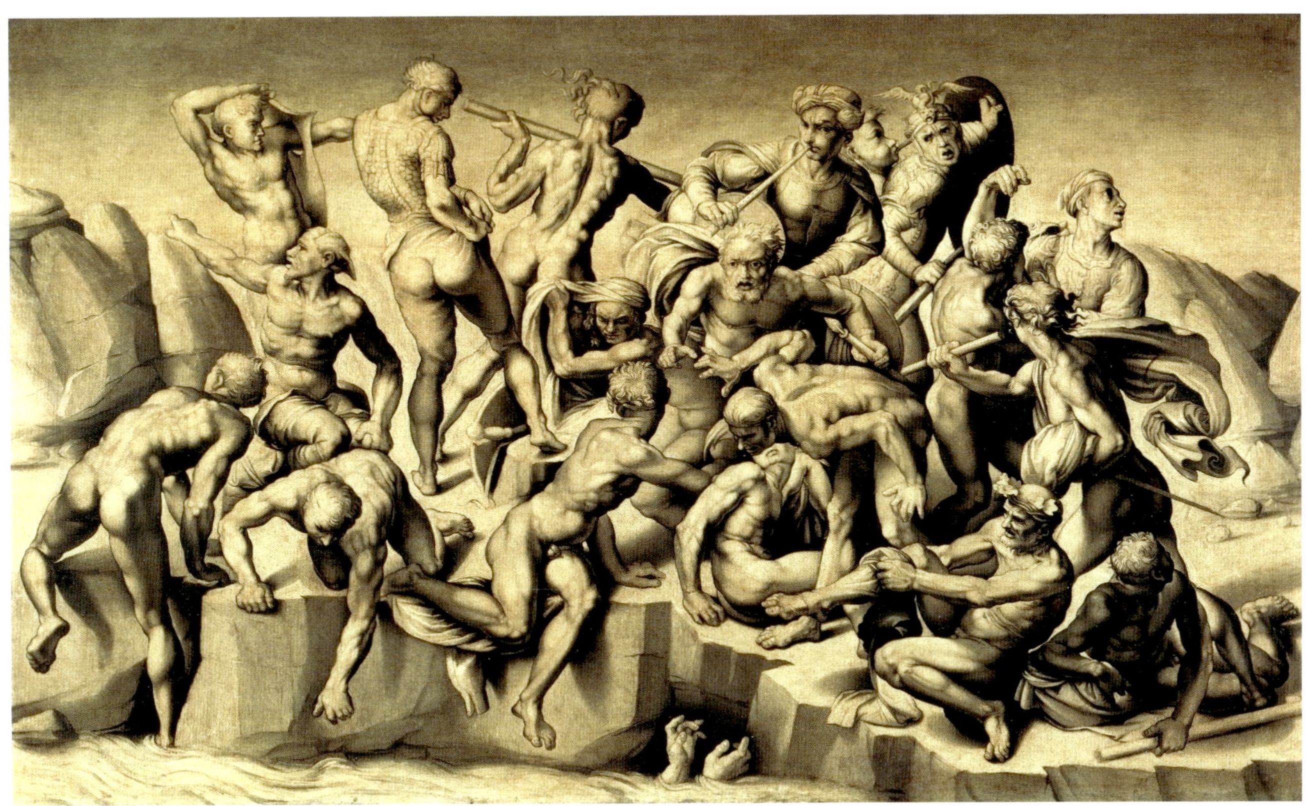

Le contraste entre les projets des deux artistes n'aurait pu être plus grand
dans leur représentation dramatique de l'événement guerrier. Le sujet de
Léonard est l'affrontement violent de forces opposées, et il confère aux adversaires des attributs reconnaissables. Michel-Ange, en revanche, ne caractérise
pas les personnages de ses tableaux, mais se consacre à une représentation
du nu masculin dont il avait déjà éprouvé toutes les possibilités d'expression
dans son David en marbre, réalisé en 1504. Léonard semble avoir été impressionné, malgré lui, par la « rhétorique musculaire » de son jeune concurrent
couronné de succès : en effet, le seul dessin que nous possédons de lui d'une
œuvre de l'époque, avait été réalisé d'après le *David* de Michel-Ange (ill. p. 78).
Léonard reprend, quelque temps plus tard, l'étude de nus masculins musclés.
Il avait, quelques années plus tôt, critiqué sévèrement la représentation de
corps d'hommes exagérément musculeux, qui rappelaient un sac de noix et
une botte de radis noirs (fols. 117–118v). Ce revirement d'opinion est lié à l'as-
cension du jeune Michel-Ange. En effet, les représentations de personnages aux
lignes rectilignes du 15ᵉ siècle ne sont plus demandées, mais le style héroïque
de la Haute Renaissance, que le peintre et sculpteur florentin élève au rang du
nouvel idéal avec ses vigoureux corps masculins. Il semble que dans ce combat
de titans, ce soit Léonard, le plus âgé des deux, qui ait été le plus impressionné.

Aristotele da Sangallo
**Bataille de Cascina, copie d'après
le carton de Michel-Ange**, vers 1542
Grisaille, 76,4 x 130,2 cm
Holkham Hall, collection Earl of Leicester

La copie réalisée au début du 16ᵉ siècle d'après
le carton de Michel-Ange décrivant la bataille,
montre l'intérêt du jeune artiste pour la représentation du nu masculin.

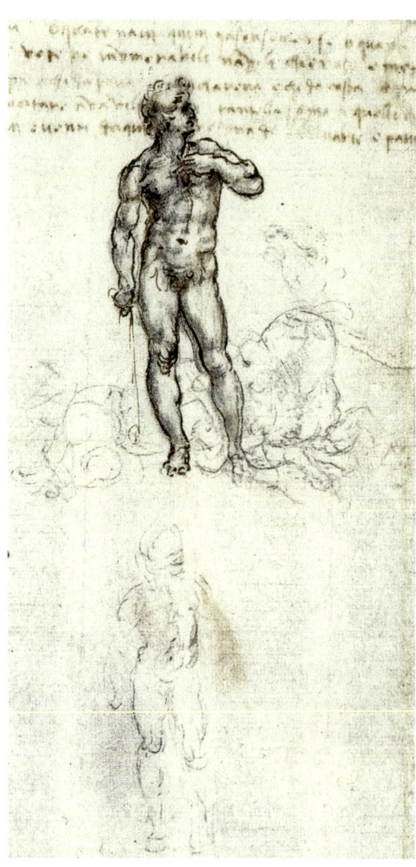

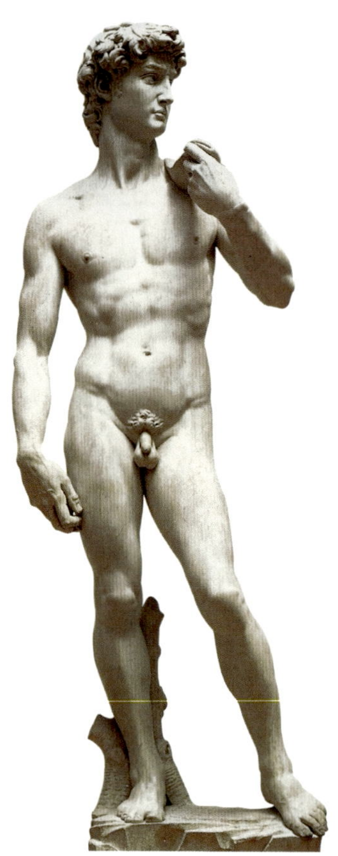

Dessin d'après le David de
Michel-Ange (détail), vers 1504
Plume, encre et pierre noire, 27 x 20,1 cm
Windsor Castle, Royal Library

Michel-Ange
David, 1501–04
Marbre, hauteur 4,10 m
Florence, Galleria dell'Accademia

Étude de soldats nus et
d'autres figures, vers 1503/04
Plume, encre et traces de pierre noire sur
papier (préparation jaunâtre), 25,3 x 19,7 cm
Turin, Biblioteca Reale

Études anatomiques de la musculature de la
jambe et comparaison de cette musculature
chez l'homme et le cheval, vers 1507
Plume, lavis brun (deux tons) et craie rouge
sur papier (gaufrage rouge), 28,2 x 20,4 cm
Windsor Castle, Royal Library

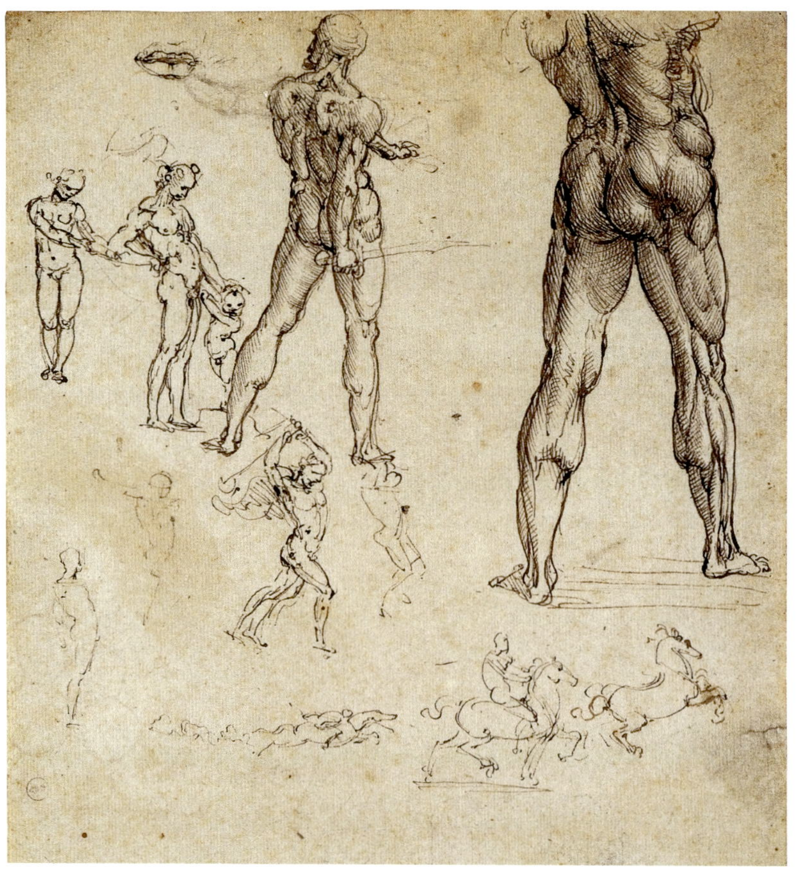

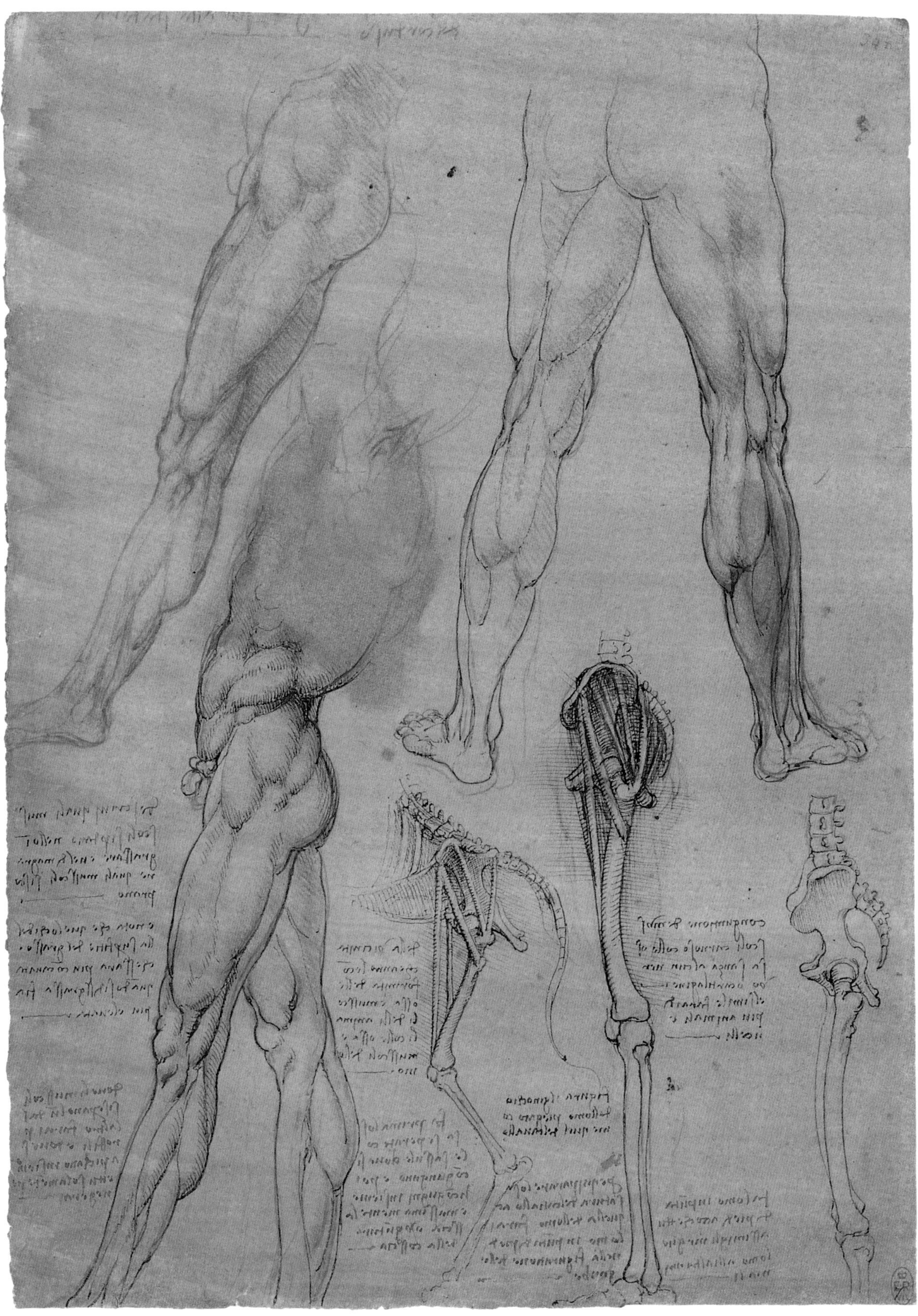

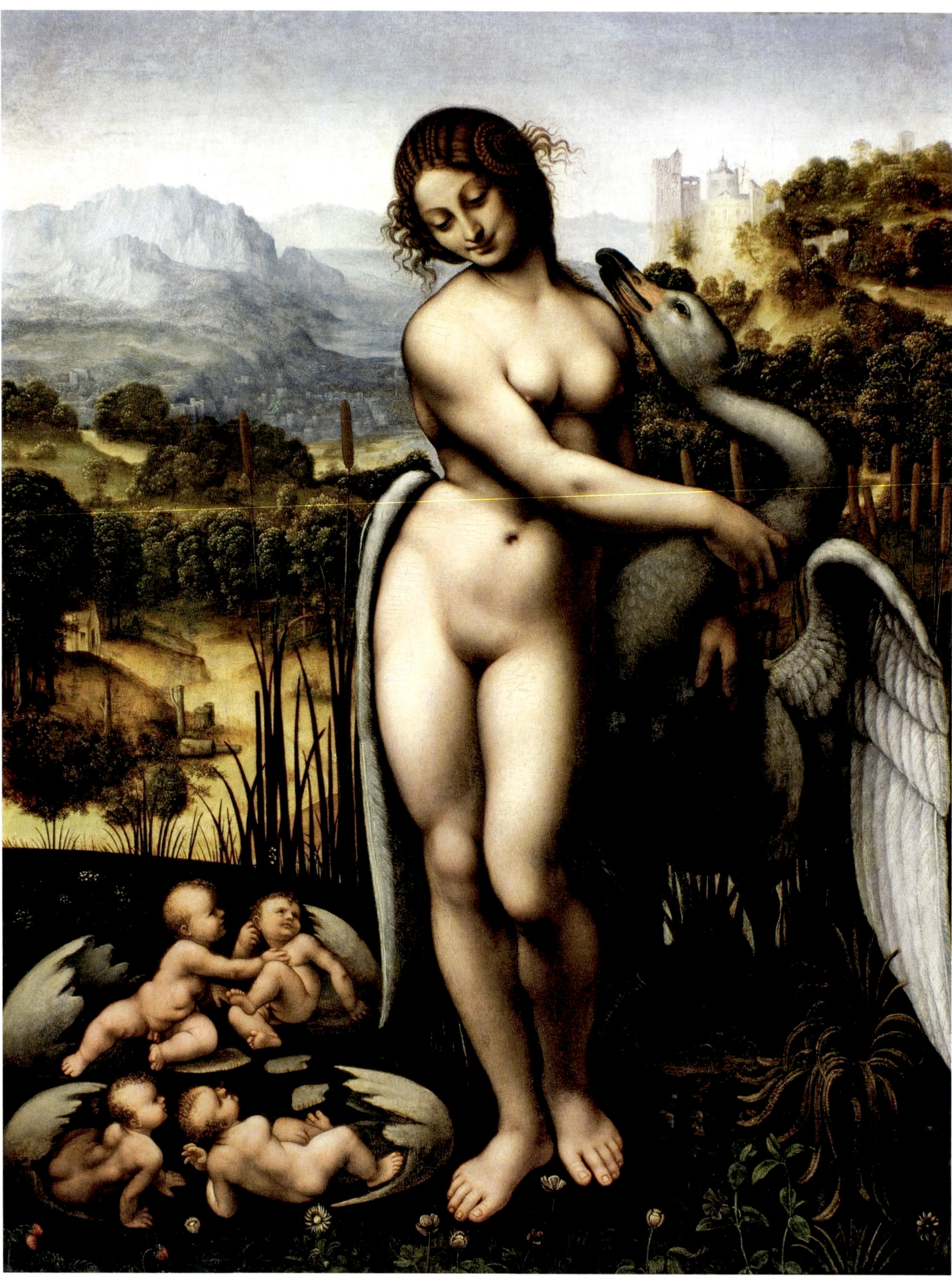

Les dernières années

Le tableau de la bataille d'Anghiari est, lui aussi, resté inachevé. Léonard ne semble d'ailleurs pas s'être donné beaucoup de mal pour terminer cette peinture monumentale. En effet, la technique qu'il utilisa se révéla rapidement problématique ; le tableau était déjà détérioré avant d'être terminé. Vasari nous indique, en outre, que la mesquinerie des commanditaires en ce qui concerne le paiement avait contrarié le peintre. En mai 1506, grâce à une requête de Charles d'Amboise, vice-roi de Milan, Léonard réussit à se dégager pour trois mois de ses obligations florentines. Une fois arrivé à Milan, il y restera beaucoup plus longtemps que prévu. En effet, il est retenu par des litiges juridiques concernant la *Vierge aux rochers* et doit réaliser une copie du tableau de l'Immaculée Conception pour la Confrérie milanaise, la première version ayant été ôtée du retable et offerte. La deuxième version de la *Vierge aux rochers*, qui se trouve aujourd'hui à Londres, put être remise à la Confrérie en août 1508. Léonard est, à cette époque, au service du pouvoir français à Milan, duquel il reçoit un paiement régulier, un des meilleurs obtenu jusque-là. Nous ne savons que très peu de choses sur la production artistique et les autres engagements de Léonard durant les années suivantes à Milan, entrecoupées par de courts séjours à Florence. Il reprend ses études sur l'anatomie alors qu'il se trouve encore à Florence ; il les poursuivra à Milan et plus tard à Rome. Il réalise en outre, des décors pour les festivités de la Cour française à Milan, se rend utile en tant qu'architecte, participe à la construction d'un système d'irrigation, et travaille à des œuvres inachevées, comme le tableau *Sainte Anne, la Vierge et l'Enfant Jésus*. Il a aussi probablement réalisé à cette époque son tableau *Léda et le cygne* qui n'existe plus que sous forme de plusieurs copies (ill. p. 80). Léonard développe la composition de cette Léda à partir de projets anciens. Dans ses premières esquisses, il traite le motif de Léda à genoux qui ressemble, sur le plan formel, au personnage agenouillé de saint Jérôme (ill. p. 22). Léonard développera, dans les années à venir, le motif de Léda légèrement détournée et tendrement assaillie par le cygne, en une figure de nu debout au contenu iconographique semblable. Les dessins, tout comme les copies du tableau, ont pour thème une des amours de Zeus, le fougueux père des dieux, qui s'approchait des jeunes filles (et parfois aussi des jeunes garçons) sous la forme d'un animal ou d'une apparition peu suspecte d'érotisme au premier abord ; dans le cas de Léda, ce fut un cygne. Sur l'un des dessins, Zeus sous cette forme, caresse avec

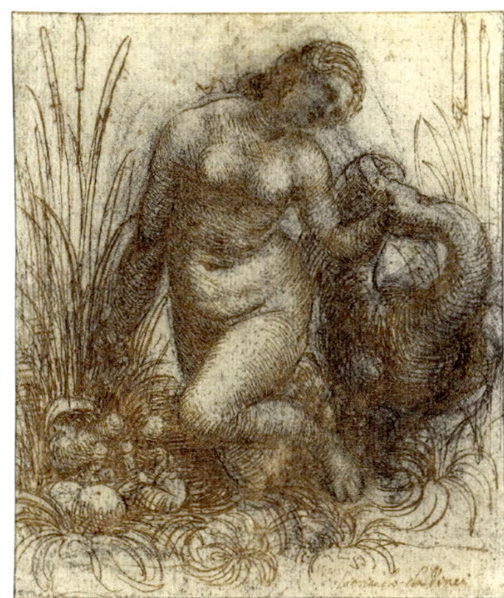

Étude pour une Léda agenouillée, vers 1505–10 (?)
Plume et encre sur pierre noire, 12,5 x 11 cm
Rotterdam, Museum Boijmans van Beuningen

La version conservée dans le dessin d'une Léda agenouillée a surtout un point commun avec le tableau reproduit à côté : dans les deux cas, la présence de nombreux typhas, symbole du phallus.

Successeur de Léonard (Cesare da Sesto ?)
Léda et le cygne, vers 1505–15 (?)
Huile sur bois, 96,5 x 73,7 cm
Salisbury, Wilton House Trust,
collection Earl of Pembroke

L'original du tableau de Léonard représentant Léda et le cygne est considéré comme perdu. Il est connu par des sources écrites et par plusieurs copies.

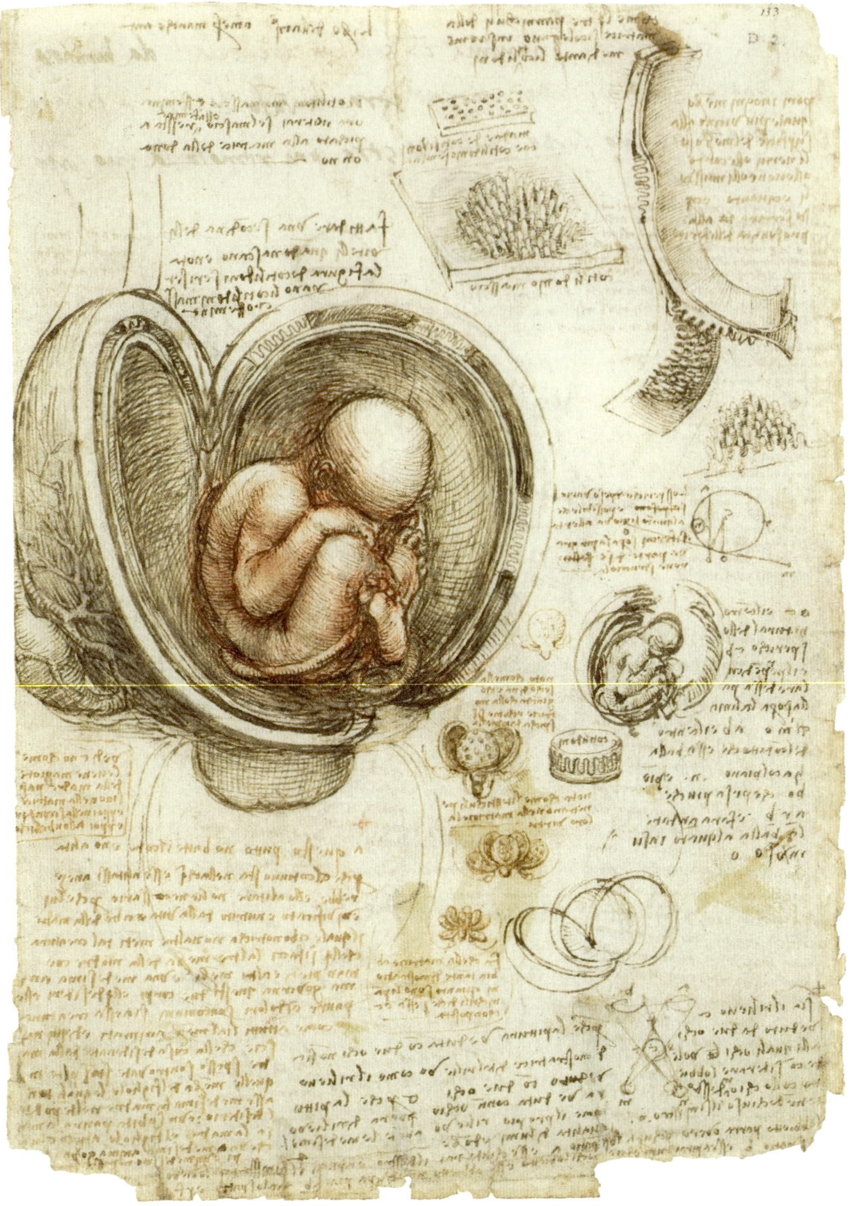

*Études anatomiquesnde la musculature
scapulaire et de la mécanique de stabilisation
de l'articulation claviculaire*, vers 1509/10
Plume et lavis brun (deux tons) sur traces
de pierre noire, 29,2 x 19,8 cm
Windsor Castle, Royal Library

son aile droite son aimée qui se tourne tendrement vers lui, posant doucement
sa main gauche sur sa tête. Sa main droite désigne les enfants tout juste sortis
de l'œuf.

La variante des tableaux de Léda debout, qui nous est parvenue, donne une
impression d'ensemble plus monumentale et, en ce qui concerne la représentation du cygne, plus pressante. L'animal debout tend le cou, et enlace plus
fermement la jeune femme de son aile. Léda, le regard baissé, se détourne de
son amant, mais elle l'entoure de ses deux mains. La représentation frontale
du nu féminin souligne le caractère érotique des versions peintes. La pose
et les rondeurs de Léda, représentées de manière très sculpturale, évoquent
les statues antiques de Vénus et donc l'amour. La nature érotique du sujet se
révèle aussi dans la composition du second plan sur lequel on distingue, sur le
dessin comme sur le tableau, de nombreux typhas (*typha latifolia*). Cette sorte
de roseau porte des fruits remplis de graines qui, lorsque les épis explosent, se

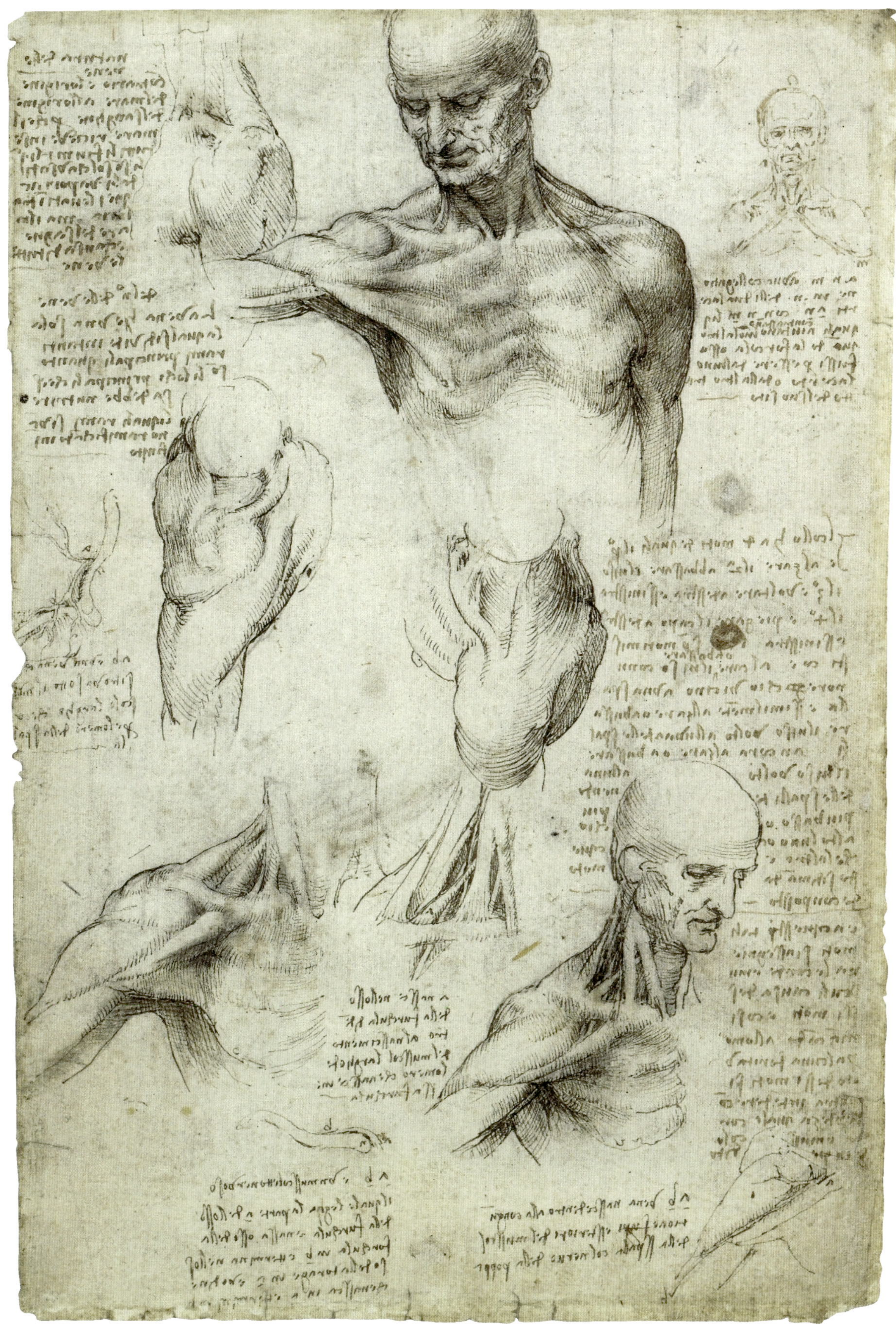

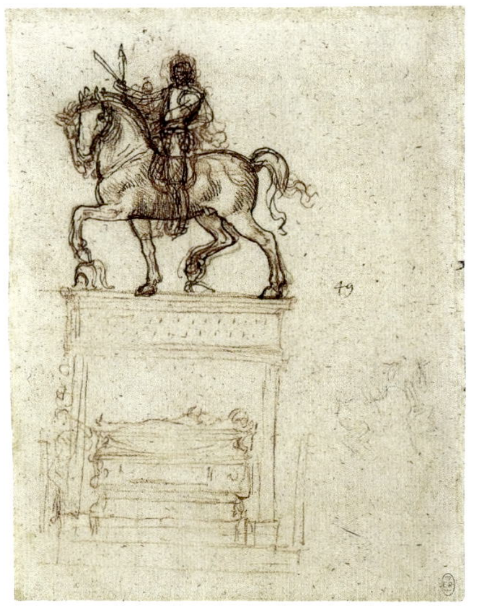

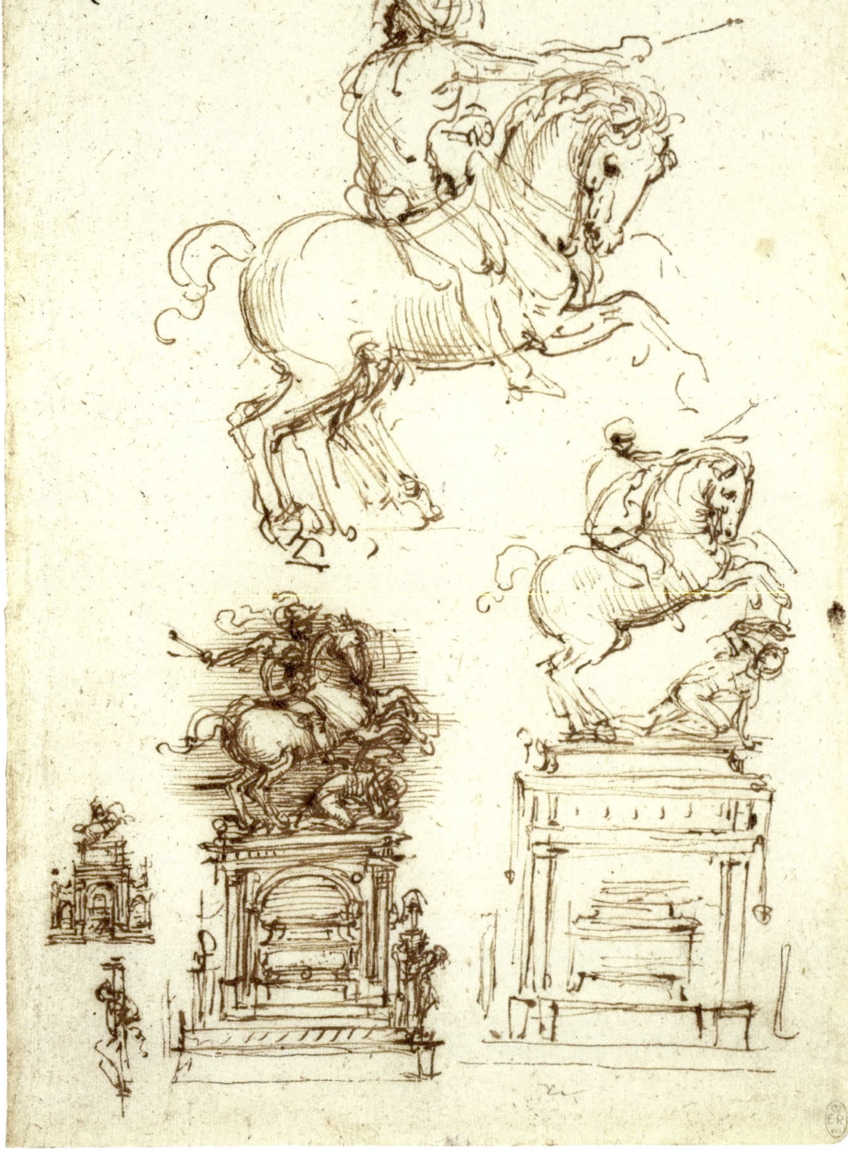

répandent sur l'eau et la terre, permettant aux typhas de se reproduire d'après
la loi fondamentale de la nature. La connotation sexuelle de ces plantes, et aussi
celle que le tableau exprime, ne pourrait pas être plus claire.

En tant que peintre et ingénieur à Milan, Léonard a l'occasion de faire re-
naître ses idées concernant la réalisation d'une statue équestre, non plus pour
Ludovico Sforza maintenant déchu, mais pour Giangiacomo Trivulzio, commandant français des troupes, qui avait participé activement à la prise de Milan.
Trivulzio avait réservé une grosse somme d'argent à l'érection d'une digne
sépulture. Sans doute impressionné par les projets ambitieux que Léonard lui
avait soumis durant l'été 1507, il donna sa préférence à un tombeau funéraire
monumental, abandonnant l'idée de quelque chose de plus modeste. Les dimen-
sions du monument de Trivulzio étant moins importantes que celles de la statue
de Sforza ; l'artiste reprit l'idée fascinante d'un cheval se cabrant fougueusement

(ill. p. 84), qui semblait maintenant réalisable. Par rapport à ses anciens projets,
il augmente même le dynamisme des mouvements du cheval et du cavalier, la
puissance expressive du corps de l'animal renforçant cette impression. Léonard
souligne la monumentalité du projet par un socle très haut ; au milieu se trouve
une sculpture funéraire dont les arêtes comportaient des colonnes destinées à
recevoir des prisonniers enchaînés. La conception du monument funéraire sui-
vait ainsi les premiers projets de Michel-Ange pour la sépulture du pape Jules II :
elle voulait donc satisfaire aux exigences les plus hautes. Cependant, malgré
cette hauteur de visée et les impressionnants projets de Léonard, Trivulzio, après
de longues années de réflexion, décidera de ne pas faire exécuter cette œuvre.
Des circonstances extérieures – comme dans le cas du monument de Sforza –
empêchèrent la réalisation d'une statue équestre qui aurait porté ombrage à
tous les modèles de ce genre.

Lors de son deuxième séjour à Milan, Léonard se profile de moins en moins
en tant que peintre. Il semble alors s'intéresser davantage au dessin anatomique
qu'à la peinture. Ces dessins, de par leur caractère direct et leur perfection,
semblent être une forme alternative d'expression artistique. Comparées aux
études anatomiques antérieures de la première période de Léonard à Milan,
ses nouvelles études se basent dans une large mesure sur le corps humain
disséqué. Ces études exactes le font s'éloigner des manuels d'enseignement qui
avaient autrefois influencé son regard de manière déterminante, par exemple
lorsqu'il avait établi des liens fictifs entre les testicules et le cerveau (ill. p. 40).
Il se concentre de plus en plus sur les muscles et les mouvements, et les dessins
qu'il réalise témoignent de manière saisissante de ses talents incomparables
d'observateur et de dessinateur. La reproduction exacte de détails anatomiques
se limite cependant le plus souvent à la représentation superficielle du corps,
de la musculature et de l'ossature. Un regard sur les couches plus profondes
de l'anatomie humaine montre que l'exactitude laisse encore à désirer, sans
doute en raison des énormes difficultés techniques rencontrées par Léonard
lors de la réalisation de ses études révolutionnaires. Il dessine par exemple
un fœtus de quatre à cinq mois, mais est obligé de faire appel à ses connais-
sances de l'anatomie animale pour représenter l'utérus (ill. p. 82). Il procède
de manière similaire pour dessiner le cœur humain, s'inspirant, pour quelques
détails, de l'aspect d'un cœur de bœuf. Les études de Léonard n'en resteront
pas moins, des siècles durant, les dessins anatomiques les plus exacts, admirés
par les rares personnes qui purent les voir. Cependant, ces dessins étaient
si en avance sur leur époque, qu'ils ne pouvaient être utilisés directement dans
le quotidien médical.

Le séjour de Léonard à Milan était lié à la faveur du vice-roi Charles
d'Amboise, qui mourut subitement en 1511. L'artiste perd ainsi à nouveau un
mécène important. Il accepte alors, en septembre 1513, la protection de Julien
de Médicis avec lequel il part pour la cour papale à Rome. Jean, le frère de
Julien, était monté peu de temps auparavant sur le siège pontifical sous le nom
de Léon X. L'idée d'exercer une activité artistique au service du nouveau pape
avait dû paraître attrayante à l'artiste, alors âgé de 61 ans. Mais ses espoirs seront
déçus. À Rome, Léonard rencontre surtout des difficultés avec de grossiers arti-
sans allemands. En tant que peintre, il n'obtiendra pas de grosses commandes
comme celles exécutées par Raphaël et Michel-Ange. Cependant, il s'engage
pour le projet de Léon X concernant l'assèchement des marais pontins, au sud
de Rome. Il réalise d'ailleurs un dessin très détaillé de cette région (ill. p. 86).
Il mènera parallèlement les expériences les plus diverses qui parurent plutôt

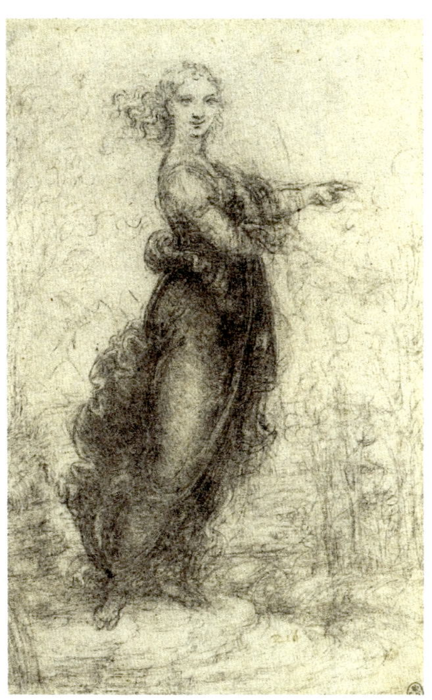

Femme debout dans un paysage, vers 1513–16
Pierre noire, 21 x 13,5 cm
Windsor Castle, Royal Library

*Vue cartographique des marais Pontins et
de la côte au nord de Terracina*, vers 1514–16
Plume, encre et détrempe, 27,7 x 40 cm
Windsor Castle, Royal Library

Le dessin de grand format est sans doute en
rapport avec le projet papal d'assèchement
des marais pontins au sud de Rome. Un
des élèves de Léonard a inscrit les noms des
lieux (par exemple Terracina, aujourd'hui
station balnéaire).

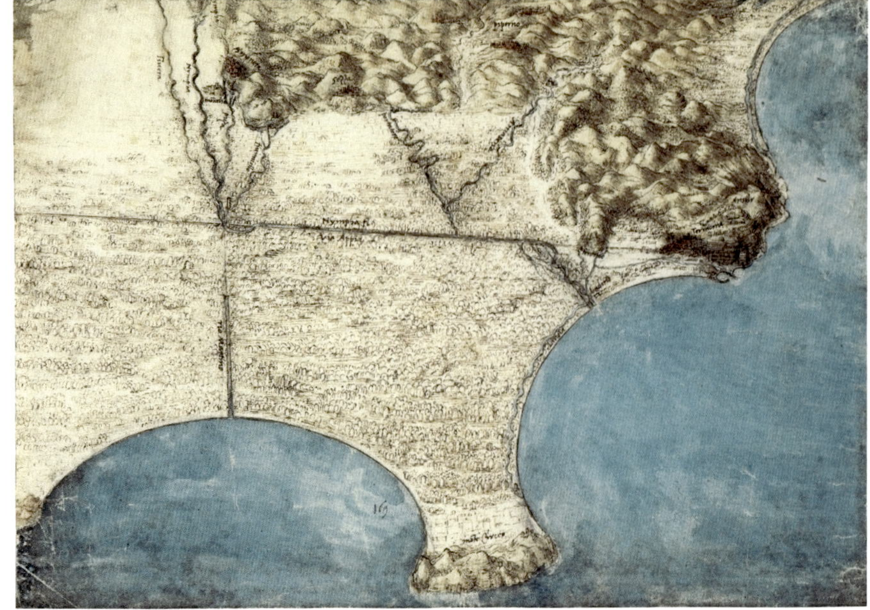

bizarres à ses contemporains, et que décrit Vasari : « Il laissa à plusieurs reprises
nettoyer tellement bien les boyaux d'un mouton, que l'on aurait pu les tenir
dans le creux de la main. Puis il les portait dans une grande pièce, amenait
dans une pièce attenante quelques soufflets de forge, les attachait aux boyaux
et les gonflait jusqu'au moment où ils occupaient tout l'espace de la pièce et
où il fallait fuir dans un angle. [...] Il faisait beaucoup de ce genre de bêtises, les
miroirs l'ont aussi intéressé ; il a fait des recherches très précises sur les huiles
à peindre et les vernis. » C'est grâce à ces dernières expérimentations que nous
devons à Léonard la représentation de Jean Baptiste, l'une des dernières œuvres
qui lui soit attribuées (ill. p. 87). Ce tableau est un exemple impressionnant
de la technique picturale appelée « sfumato ». Il s'agit d'accumuler des glacis
et lavis peu couvrants et peu colorés pour obtenir d'innombrables valeurs
d'ombres qui laissent les contours s'estomper en doux dégradés de lumière
et d'ombre et suggèrent le relief du personnage représenté. L'effet pictural
de ce procédé se base, entre autres, sur des expérimentations avec des huiles,
permettant par la succession de couches différenciées, d'obtenir de nouvelles
couleurs, et ce jusqu'à une réduction presque monochrome du sujet représenté
avec de fines nuances de lumière et d'ombre. La technique du sfumato permet
au tableau de Jean Baptiste d'offrir un message intéressant : le personnage
apparaît comme une silhouette toute de lumière se détachant sur l'ombre
de l'arrière-plan presque noir ; l'éclairage de la scène provient d'une source
lumineuse qui doit se trouver hors du champ pictural. Jean Baptiste ne génère
donc pas la Lumière, il en est le témoin. Ceci correspond entièrement à la
description donnée par l'Évangile de saint Jean, où il est dit : « ... Parut un
homme envoyé de Dieu ; son nom était Jean. Il vint pour témoigner, pour
rendre témoignage à la Lumière, afin que tous crussent par Lui. Il n'était
pas la Lumière ; il devait rendre témoignage à la Lumière. » (Saint Jean, I,6)
Le sfumato est donc plus qu'un moyen d'expression artistique autonome, il
transmet au spectateur le contenu religieux de la peinture. En même temps, il
prête au tableau une certaine densité atmosphérique, et celle-ci a été largement
interprétée, surtout par la recherche s'intéressant aux aspects psychanalytiques.

Saint Jean Baptiste, vers 1513–16 (?)
Huile sur bois, 69 x 57 cm
Paris, Musée du Louvre

Le tableau, contesté quant à son attribution
et sa datation, montre la fameuse technique
picturale du « sfumato » dont l'élaboration est
mise en relation avec Léonard. De nombreux
glacis générèrent de nombreux dégradés dans
les ombres, de sorte que le personnage de Jean
Baptiste semble être une apparition de lumière
émergeant des ténèbres.

86

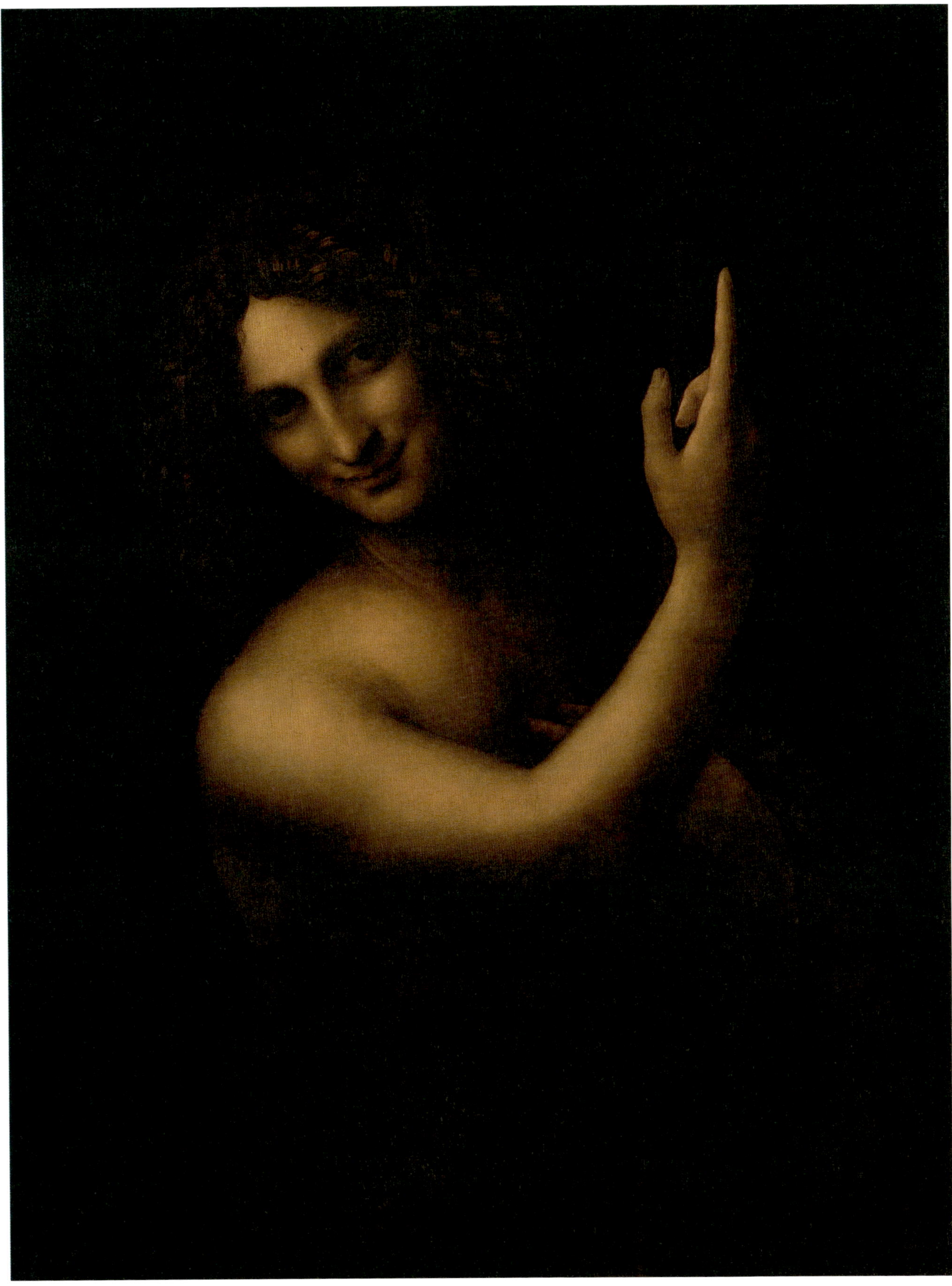

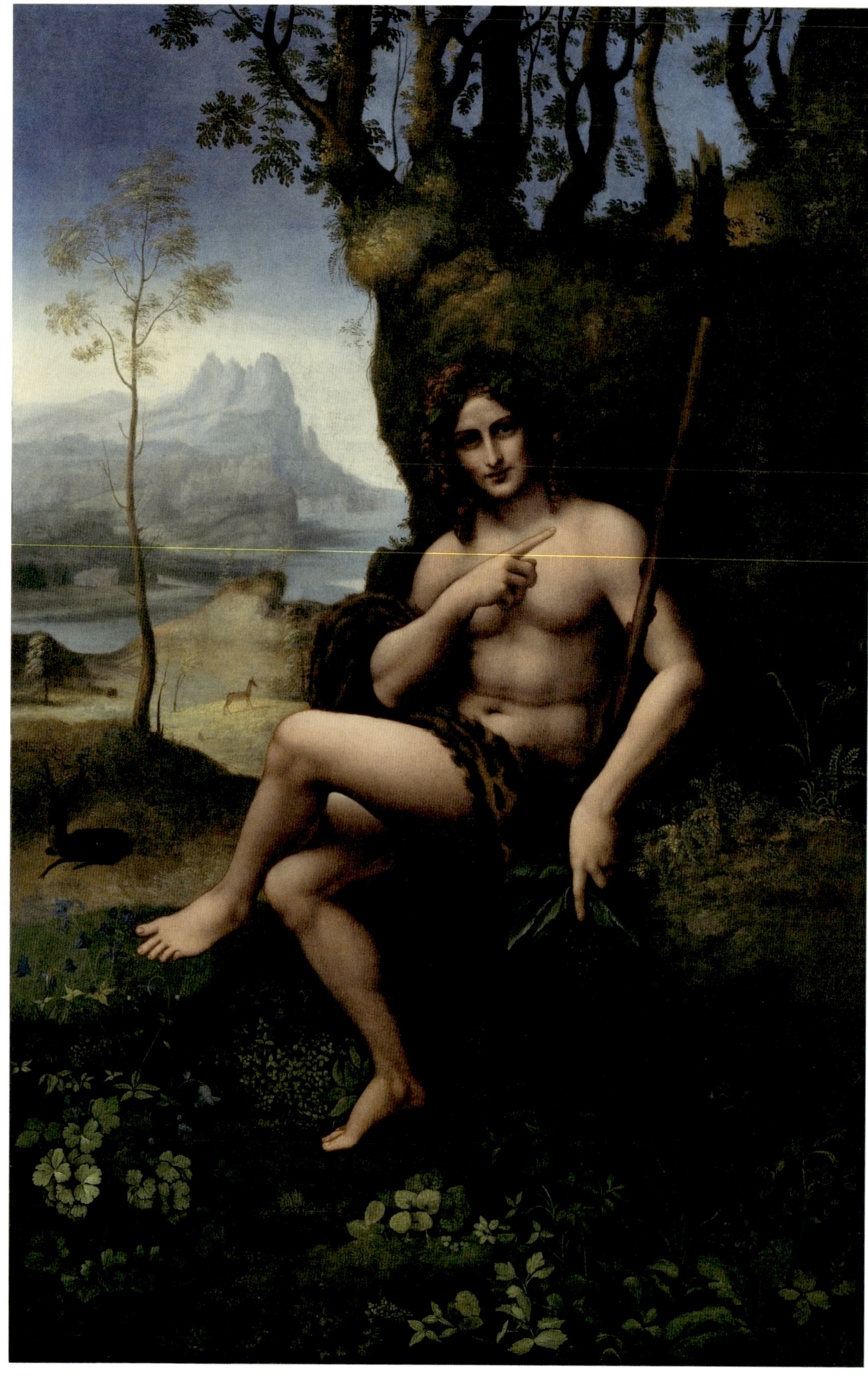

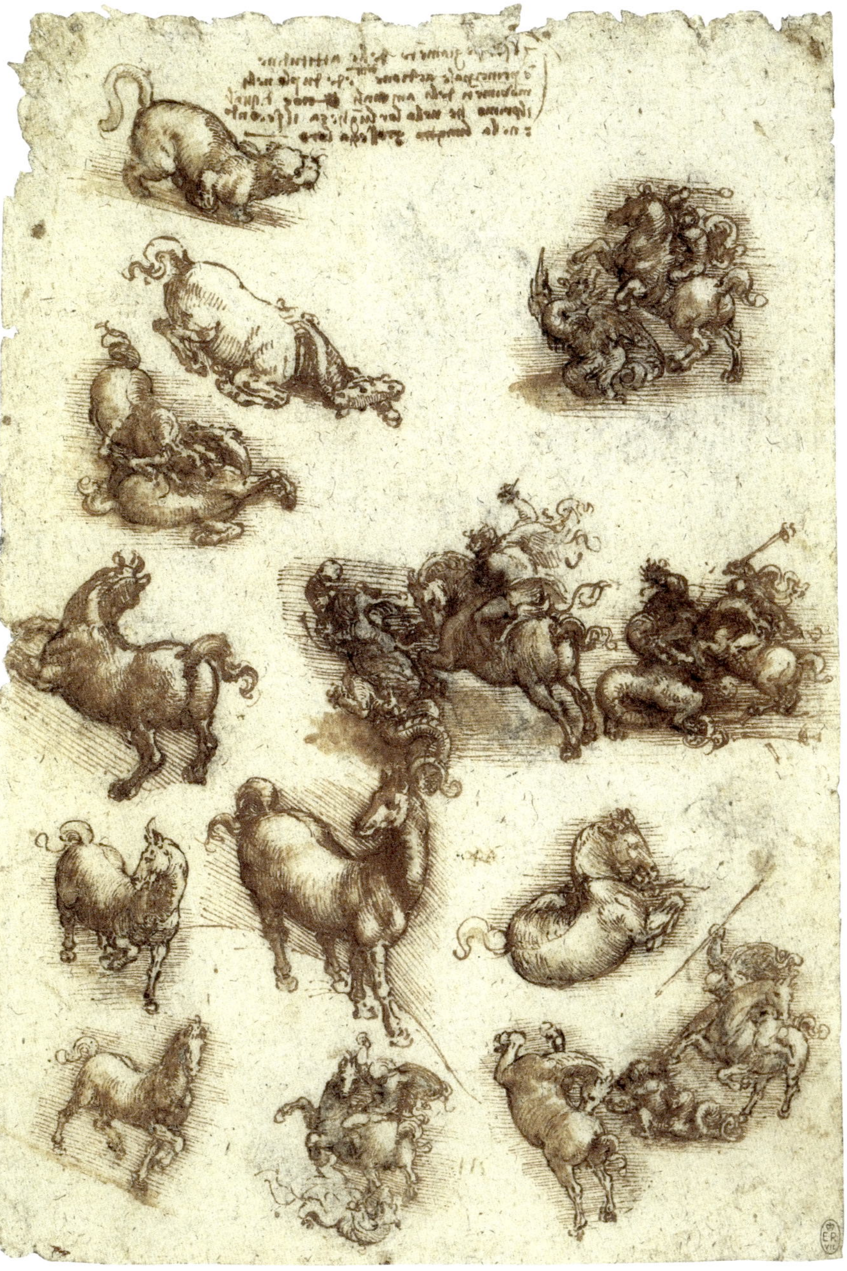

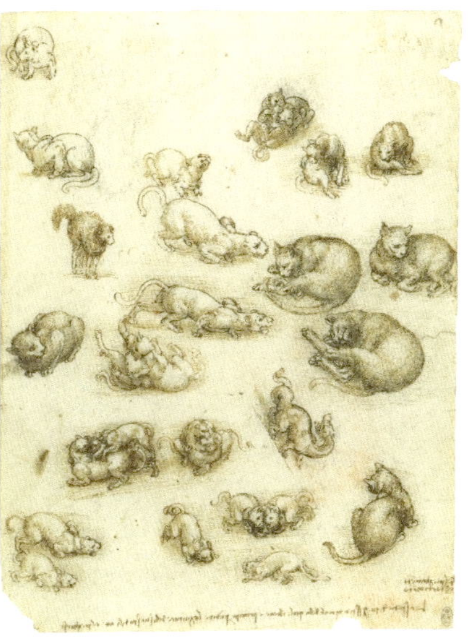

Les ombres douces prêtent à la carnation un moelleux très délicat, suggérant
un caractère androgyne, que l'on a interprété comme étant l'expression des tendances homosexuelles de Léonard.

Léonard, ou l'un de ses élèves, reprendra dans un autre tableau le thème
de Jean Baptiste, et tout autant son ambiguïté (ill. p. 88). Le saint, représenté
en pied, est assis devant un paysage qui s'ouvre à gauche sur une vallée bordée
d'une rivière et un massif montagneux. Jean Baptiste, du geste de sa main
droite, indique celui qui lui succédera, c'est-à-dire Jésus-Christ. Des symboles
chrétiens apparaissent aussi dans les détails : le cerf à l'arrière-plan est le
symbole du Christ et du baptême, alors qu'au premier plan, l'ancolie exprime
l'espoir de Rédemption, s'associant à l'action du Christ et au sacrement du
baptême. Le bel adolescent nu dans le désert a cependant été très rapidement

Le bateau avec le loup au gouvernail est sans
doute une allusion au Pape à Rome ; quant à
l'aigle couronné sur le globe, il symbolise probablement les exigences politiques du roi de
France. L'allégorie se réfère peut-être à une
rencontre entre Léon X et François Ier.

interprété sous un autre angle. Un peintre inconnu du 16e ou 17e siècle a complété la représentation avec les attributs de Bacchus : il a peint une couronne
de lierre sur la tête de Jean et remplacé le bâton crucifère par un thyrse. Cette
transformation du saint en un dieu païen, voluptueux, renforce l'image équi-
voque de Jean Baptiste, que Cassiano del Pozzo décrit en 1625 en ces termes :
« Jean Baptiste dans le désert. Le personnage, un tiers moins grand que nature,
est extrêmement délicat, mais il ne plaît pas, car il n'inspire pas la vénération,
il lui manque la décence et la ressemblance. »

Les esquisses réalisées pour les deux tableaux de Jean Baptiste sont les té-
moignages essentiels du séjour de Léonard à Rome qui prit fin dès 1516. Il restera encore quelques mois dans la ville éternelle après la mort, en mars, de son
bienfaiteur Julien de Médicis, avant de répondre, pendant l'hiver 1516/17, à
l'appel de François Ier à la Cour de France. Il lui fut octroyé, ainsi qu'à ses élèves
et amis, une résidence confortable à Cloux, près du Château d'Amboise, ainsi
qu'un salaire annuel remarquablement élevé, bien qu'on ignore exactement
à quel genre d'activités l'artiste se consacra au cours des deux dernières années
de sa vie. Il se concentre sans doute sur la réalisation de décors pour les festivités de la Cour, travaille à des plans pour relier la Loire et la Saône par des
canaux, et pour drainer les marais de Sologne, et aux plans d'un palais royal
à Romorantin, une petite ville au sud de Blois.

La force créatrice déclinante de Léonard au cours des dernières années de
sa vie est sans doute liée à la maladie et l'âge. Antonio de Beatis, secrétaire du
cardinal Louis d'Aragon, nous décrit, le 10 octobre 1517, Léonard, alors âgé de
soixante-cinq ans, comme un vieillard de plus de soixante-dix ans qui, en raison
d'une paralysie partielle, n'est plus en état de réaliser grand-chose, mais peut

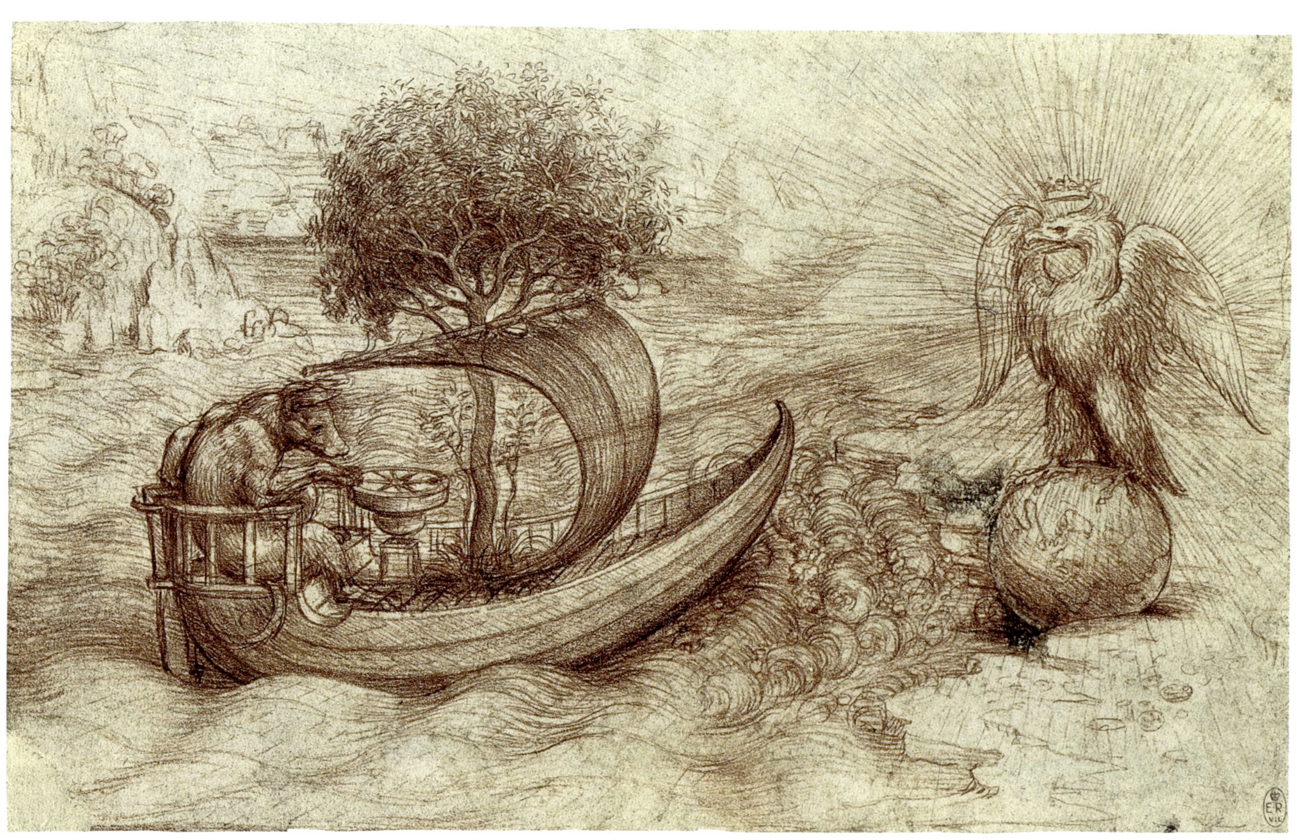

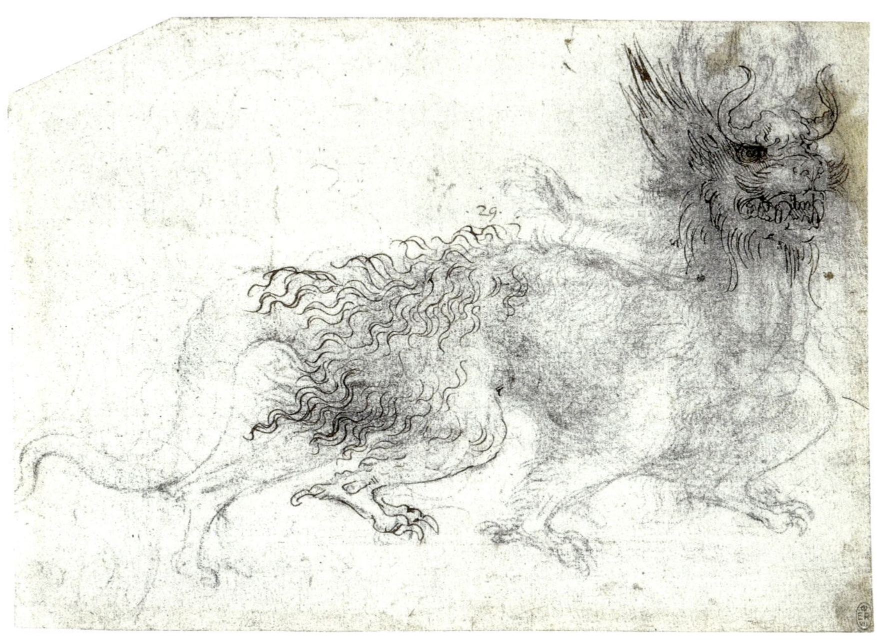

Dragon, vers 1515–17
Pierre noire, plume et encre, 18,8 x 27,1 cm
Windsor Castle, Royal Library

encore bien dessiner. Les dessins ultérieurs dévoilent une activité réduite, bien
qu'il soit presque impossible de situer ces œuvres au cours des deux dernières
années de l'artiste. Il n'existe pas de tableau pouvant lui être attribué pendant
cette période, et l'on suppose que Léonard a été, à la fin de sa vie, tout aussi
improductif que bien souvent au cours des années précédentes. Cependant,
les dessins des dernières années ne laissent pas transparaître l'âge de l'artiste.
Apparaissent alors d'énigmatiques allégories, ainsi que des représentations de
chats, de dragons et de chevaux montrant une animation enjouée (ill. p. 89).
Comparés aux dessins de ses années d'apprentissage, ils révèlent un agencement
beaucoup plus dense et puissant dans la composition, et une émotion presque
enfantine s'y fait jour. On a l'impression que le vieillard retourne, avec une
grande clarté d'esprit, au dessin et ainsi aux sources de son art. Ces dessins
alertes et les représentations de monstres fabuleux reflètent encore toute la
grâce d'un art qui a su, en dépit des années, garder sa fraîcheur juvénile.

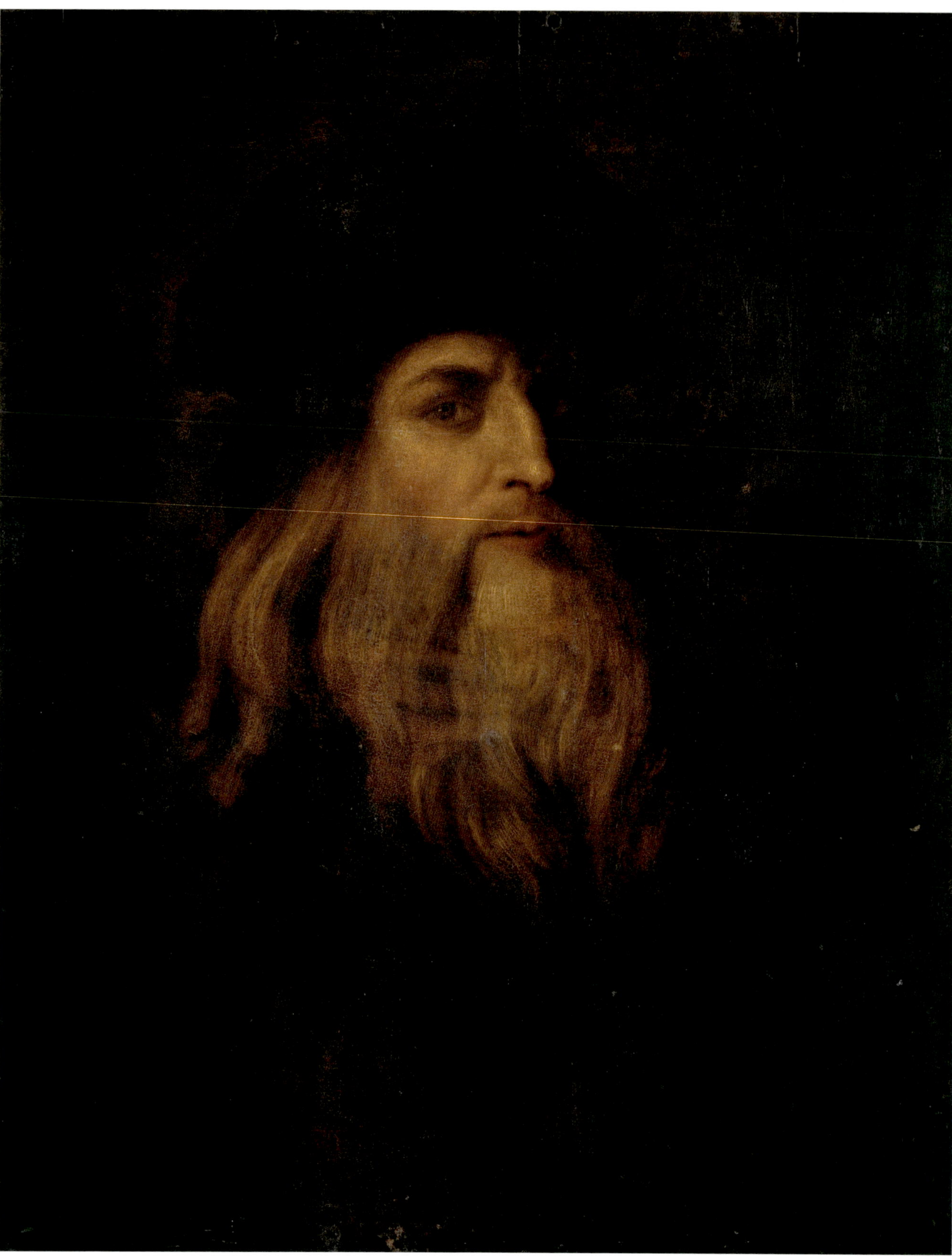

Leonardo da Vinci
1452–1519
Vie et œuvre

1452 Naissance le 15 avril à Vinci de Léonard, fils naturel de Ser Piero di Antonio da Vinci, notaire né en 1426, et de Caterina, paysanne, elle-même fille naturelle. Le père de Léonard épouse la même année Albiera di Giovanni Amadori, âgée de 16 ans et de bonne famille.

1457 D'après les déclarations d'impôts de son grand-père, Léonard vit chez son père. Sa mère se marie la même année avec Accattabriga di Piero del Vacca, chaufournier.

1469 Ser Piero da Vinci loue une maison à Florence dans la Via delle Prestanze, l'actuelle Via dei Gondi. Son fils Léonard débute, sans doute la même année ou un peu plus tôt, son apprentissage dans l'atelier d'Andrea del Verrocchio, peintre et sculpteur florentin renommé.

1472 Le jeune artiste entre, comme le veut l'usage, dans la corporation florentine des peintres de Saint-Luc. Cela laisse supposer une certaine indépendance professionnelle.

1473 Premier dessin daté de Léonard, le *Vue paysagère de l'Arno* qui se trouve à la Musée des Offices à Florence.

1476 En avril, un écrit anonyme accuse Léonard de pratiques homosexuelles (sodomie) sur la personne du jeune apprenti Jacopo Saltarelli, âgé de 17 ans, déjà connu pour ce penchant. La plainte est à nouveau déposée en juin 1476 mais, probablement faute de preuves, une mise en accusation restera sans suite.

1472–80 Léonard travaille toujours dans l'atelier d'Andrea del Verrocchio, entre autres au *Baptême du Christ* et peint sans doute déjà lui-même des tableaux de petit format, par exemple la *Madone à l'œillet*, la *Madone Benois* et peut-être aussi l'*Annonciation* qui se trouve aujourd'hui à la Musée des Offices.

1478 En janvier, Léonard obtient, grâce à son père, sa première commande importante : un tableau pour l'autel de la chapelle San Bernardo dans le Palais Vecchio à Florence, siège du gouvernement. L'artiste semble avoir à peine ébauché le tableau, en tout cas il ne l'a pas terminé, malgré le versement d'un acompte important.

1478–80 Sous l'influence des maîtres flamands, le jeune artiste peint le petit format *Portrait de Ginevra de' Benci* pour Bernardo Bembo.

1481 À nouveau grâce à son père, Léonard obtient en mars la commande d'un retable de

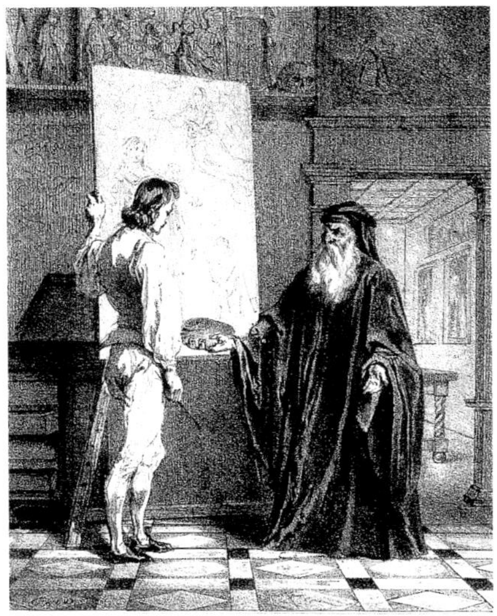

Jean-François Gigoux
Verrocchio reconnaît le plus grand talent de son élève Léonard, 1835
Lithographie, 13,6 x 11,2 cm

grand format avec une *Adoration* pour San Donato a Scopeto, église d'un couvent aux portes de Florence. Il laissera cette commande, la plus importante jusque-là, tout aussi inachevée qu'un tableau représentant saint Jérôme, commencé peu de temps auparavant, et qui devait également décorer un autel.

1482 Léonard quitte Florence pour s'installer à Milan et propose ses services d'ingénieur militaire, sculpteur et peintre, à Ludovico Sforza, le souverain de la place.

1483–86 Léonard obtient avec les frères Ambrogio et Evangelista de Predis, la commande du retable de la *Vierge aux rochers*, dont la première version sera sans doute achevée en 1486 par les trois artistes.

1487–88 Léonard travaille avec un succès modéré en tant qu'architecte-conseil sur le chantier de la cathédrale de Milan.

1489–94 À Milan, Léonard travaille à la statue équestre de Francesco Sforza, commande passée par Ludovico Sforza. Devenu entre temps, peintre à la Cour des Sforza, Léonard réalise à la même époque les portraits de Cecilia Gallerani et de Lucrezia Crivelli (qui n'existe plus), et se profile en tant que décorateur artistique des festivités de la Cour.

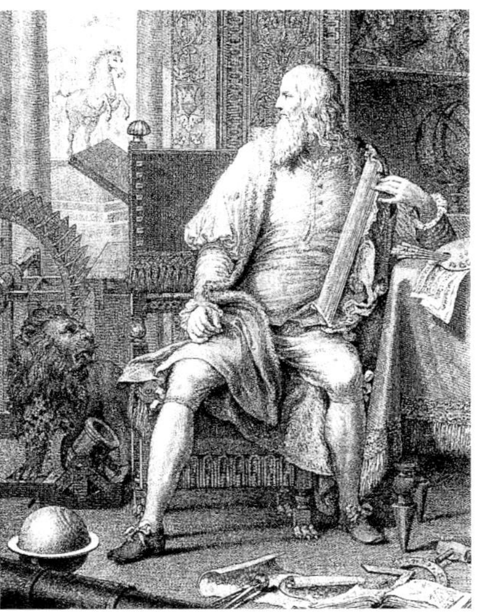

Domenico Cunego
Léonard dans son atelier à Milan (détail), 1782
Eau-forte, 35,7 x 23,4 cm

1495–98 Sur commande de Ludovico Sforza, Léonard peint *La Cène* dans le réfectoire du couvent des dominicains Santa Maria delle Grazie, à Milan. C'est à peu près à la même époque que sera réalisée la décoration de la *Sala delle Asse*, dans le Castello Sforzesco.

1499 Peu après la chute de son bienfaiteur Ludovico Sforza, renversé par les troupes françaises en octobre 1499, Léonard débute sans doute le *Burlington House Cartoon* pour le roi de France, Louis XII. Cependant, il quittera Milan en décembre. Il se rend d'abord à Mantoue où il est l'hôte d'Isabelle d'Este, dont il fait le portrait, puis continue son voyage vers Venise.

1500 Léonard rentre à Florence en avril. Débute alors sa phase picturale la plus productive jusque-là. Si l'on en croit les écrits de Giorgio Vasari, Léonard réalisera dès le printemps un carton représentant sainte Anne, la Vierge et l'Enfant pour l'église SS. Annunziata. Il loge à cette époque chez les moines servites de la même église.

Artiste anonyme
Portrait de Léonard
Florence, Musée des Offices

1501 Léonard travaille au petit format de la *Madone au fuseau* pour Florimond Robertet, secrétaire du roi de France.

1502 Vers le mois de juin, Léonard se rend en Italie centrale et en Haute Italie avec César Borgia, commandant de mercenaires à la réputation douteuse. Engagé en tant qu'architecte et ingénieur militaire, l'artiste établit entre autres des cartes géographiques pour les campagne militaires.

1503 Léonard rentre début mars à Florence et commence, pour le compte de Francesco del Giocondo, le portrait de l'épouse de celui-ci, Lisa del Giocondo (Mona Lisa), qui impressionnera particulièrement le jeune Raphaël. Léonard s'attaquera en octobre à sa commande picturale la plus monumentale, les fresques représentant la bataille d'Anghiari, dans la grande salle du conseil du Palazzo Vecchio à Florence.

1504 Le père de Léonard meurt en juillet à l'âge de 79 ans.

1506 Léonard obtient en mai du gouvernement florentin, l'autorisation de quitter la ville pour trois mois. Il laisse la fresque de la bataille d'Anghiari inachevée et revient à Milan. Ce retour est dû avant tout à Charles d'Amboise, commandant français à Milan, qui désire s'assurer les services de l'artiste. Sur l'intervention renouvelée de son bienfaiteur français, Léonard restera plus de trois mois à Milan.

1507 Léonard séjourne à nouveau brièvement à Florence à cause de la fresque inachevée du Palais Vecchio et en raison de différends de succession avec ses frères et sœurs. Une nouvelle intervention du Roi de France lui permet de se délier de ses obligations pour l'achèvement de la *Bataille d'Anghiari*. Il repart bientôt pour Milan afin de peindre une nouvelle version de la *Vierge aux rochers* destinée à la Confrérie de l'Immaculée Conception.

1508–12 À l'exception de quelques petits séjours à Florence au cours des années 1508 et 1511, Léonard ne quitte guère Milan, où il est surtout au service de Charles d'Amboise. L'artiste, devenu célèbre entre-temps, achève en août 1508 la deuxième version de la *Vierge aux rochers* (National Gallery, Londres). Il réalise des projets pour le monument de Trivulzio, fait des études anatomiques et peint sans doute aussi une version du tableau de *Léda et le cygne*, œuvre aujourd'hui disparue.

1513 Après la mort en 1511 de Charles d'Amboise et l'expulsion des Français de Milan, Léonard se rend en 1512 à Rome avec Julien de Médicis, son nouveau bienfaiteur et frère du Pape Léon X. Il travaille vraisemblablement aussi comme peintre pour Baldassare Turini, le chambellan du Pape.

1514–15 Léonard se concentre sur différentes expériences scientifiques à la Cour papale. Il projette entre autres, à la demande de Léon X, l'assèchement des marais pontins, au sud de Rome.

1516 Julien de Médicis meurt en mars ; Léonard perd à nouveau un mécène. Au cours de l'hiver 1516/17, il rejoint François Ier et devient peintre de la cour de France. Il réside à Cloux, près du château royal d'Amboise. Il se consacrera à des expériences scientifiques, des plans architecturaux et des projets de systèmes d'irrigation.

1517 En octobre, le cardinal Luigi d'Aragona rend visite à Léonard à Cloux. Ce dernier a déjà des allures de vieillard. Le cardinal racontera plus tard avoir vu plusieurs tableaux dans son atelier.

1519 Léonard rédige son testament le 23 avril. Il meurt le 2 mai à Cloux. La légende veut qu'il ait rendu l'âme en présence du roi de France. Il est inhumé, selon ses dernières volontés, en l'église Saint-Florentin d'Amboise. La sépulture sera endommagée pendant les guerres de religion, mais l'inscription dans le registre de l'église subsiste : « Messire Léonard de Vinci a été enterré dans le couvent de cette église, un gentilhomme milanais, premier peintre, ingénieur et architecte du Roi, maître mécanicien d'État et autrefois directeur des peintures du duc de Milan. »

1520–30 Francesco Melzi, ami et élève de Léonard classe les manuscrits hérités de son maître et réunit les passages les plus importants dans le *Traité de peinture*, une collection de renseignements pratiques et théoriques à l'usage des peintres. Giacomo Salai, un autre de ses disciples, hérite de la plus grande partie des tableaux de Léonard. On retrouvera, après la mort violente de Salai à Milan en 1515, de nombreux tableaux en sa possession : *Sainte Anne,*

la Vierge et l'Enfant Jésus, Jean Baptiste, Léda et le cygne, La Joconde, ainsi qu'un autre portrait et un *Saint Jérôme.* Ce n'est sans doute qu'au début des années 1630 que le roi de France acquerra quelques-uns de ces tableaux. Ils se trouvent aujourd'hui au Musée du Louvre à Paris.

Claude-Marie-François Dien et Jules Richomme
Mort de Léonard dans les bras de François Ier, vers 1850
Gravure, 59 x 52 cm

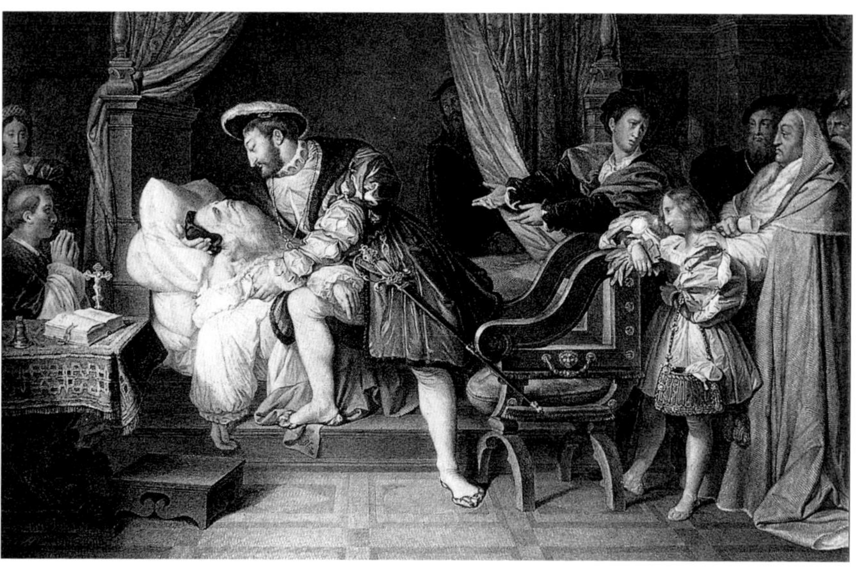

Bibliographie

Sources sur la vie et l'œuvre

Leonardo da Vinci, *Das Buch von der Malerei*, éd. par H. Ludwig, 3 vol., Vienne 1882.

L. Beltrami, *Documenti e memorie riguardanti la vita e opere di Leonardo da Vinci*, Milan 1919.

J. P. Richter, *The Literary Works of Leonardo da Vinci*, 2 vol., 3ème éd., Oxford 1970 (d'abord 1883).

W. v. Seidlitz, *Leonardo da Vinci. Der Wendepunkt der Renaissance*, 2 vol., Berlin 1909.

P. C. Marani, *Leonardo. Catalogo completo dei dipinti*, Florence 1989.

A. Chastel (éd.), *Leonardo da Vinci, Sämtliche Gemälde und die Schriften zur Malerei*, Munich 1990.

D. Arasse, *Léonard de Vinci*, Paris 1997.

C. Vecce, *Leonardo*, Rome 1998.

C. Bambach (éd.), *Leonardo da Vinci, Master Draughtsman*, New York 2003.

F. Viatte/V. Forcione (éds.), *Léonard de Vinci, Dessins et manuscrits*, Paris 2003.

M. Kemp, *Leonardo da Vinci. The Marvellous Works of Nature and Man*, Oxford 2006.

F. Zöllner, *Leonardo da Vinci. Sämtliche Gemälde und Zeichnungen*, Cologne 2007.

1. Les années d'apprentissage – Le jeune artiste à Florence

A. Chastel, *Le Madonne di Leonardo* (XVIII Lettura Vinciana), Florence 1979.

A. E. Popham, *The Drawings of Leonardo da Vinci*, Londres 1952.

P. Hills, « Leonardo and Flemish Painting », in: *The Burlington Magazine*, 132, 1980, pp. 609–615.

J. Fletcher, « Bernardo Bembo and Leonardo's Portrait of Ginevra Benci », in: *The Burlington Magazine*, 131, 1989, pp. 811–816.

F. Zöllner, « Karrieremuster: Das malerische Werk Leonardos im Kontext seiner Auftragsbedingungen », in: *Georges-Bioch-Jahrbuch*, 2, 1995, pp. 57–73.

D. A. Brown, *Leonardo da Vinci. Origins of a Genius*, New Haven/Londres 1998.

2. L'artiste et l'experience de l'inachevé

H. Ost, *Leonardo-Studien*, Berlin/New York 1975.

M. Lisner, « Leonardos Anbetung der Könige. Zum Sinngehalt und zur Komposition », in: *Zeitschrift für Kunstgeschichte*, 44, 1981, pp. 201–242.

A. Natali, « Re, cavalieri e barbari; le Adorazioni dei Magi di Leonardo e Fillipino Lippi », in: *Gli Uffizi, studi e ricerche*, 5, 1988, pp. 73–84.

F. Fehrenbach, *Licht und Wasser. Zur Dynamik naturphilosophischer Leitbilder im Werk Leonardo da Vincis*, Tübingen 1997, p. 89–114.

M. Wiemers, *Bildform und Werkgenese. Studien zur Zeichnung in der italienischen Malerei zwischen 1450 und 1490*, Munich/Berlin 1996.

3. Le renouveau artistique à Milan

J. Snow Smith, « Leonardo's Virgin of the Rocks (Musée du Louvre): A Franciscan Interpretation », in: *Studies in Iconography*, 11, 1987, pp. 35–94.

P. Venturoli, « L'ancona dell'immacolata concezione di San Francesco Grande a Milano », in: *Giovanni Antonio Amadeo*, éd. par J. Shell et L. Castelfranchi, Milan 1993, pp. 421–437.

C. Gould, « The Early History of Leonardo's Vierge aux Rochers », in: *Gazette des Beaux Arts*, 124, 1994, pp. 216–222.

Leonardo da Vinci. Engineer and Architect, cat. d'exposition, Montreal 1987.

R. Schofield, « Amadeo, Bramante and Leonardo and the 'tiburio' of Milan Cathedral », in: *Achademia Leonardi Vinci*, 2, 1989, pp. 68–100.

4. L'artiste et l'étude de la nature

F. M. Feldhaus, *Leonardo der Techniker und Erfinder*, Jéna 1922.

C. D. O'Malley/J. B. de C. M. Sauders, *Leonardo da Vinci on the Human Body*, New York 1952.

M. Kemp, « Il concetto dell'anima in Leonardo's Early Skull Studies », in: *Journal of the Warburg and Courtauld Institutes*, 34, 1971, pp. 115–134.

F. Zöllner, *Vitruvs Proportionsfigur*, Worms 1987.

M. W. Kwakkelstein, *Leonardo da Vinci as a Physiognomist*, Leyde 1994.

5. Léonard, artiste de la Cour à Milan

F. Malaguzzi-Valeri, *La Corte di Ludovico il Moro*, 4 vol., Milan 1915–1923.

J. Shell/G. Sironi, Cecilia Galleriani, « Leonardo's Lady with an Ermine », in: *Artibus et Historiae*, 13, 1992, pp. 47–66.

Leonardo da Vinci's Sforza Monument Horse. The Art and the Engineering, éd. par Diane Cole Ahl, Londres 1995.

E. Möller, *Das Abendmahl des Leonardo da Vinci*, Baden-Baden 1952.

C. Gilbert, « Last Suppers and their Refectories », in: *The Pursuit of Holiness in Late Medieval and Renaissance Religion*, éd. par Charles Trinkaus et Heiko A. Obermann, Leyde 1974, pp. 371–407.

D. Rigaux, *À la table du Seigneur. L'Eucharistie chez les primitifs italiens (1250–1497)*, Paris 1989.

6. Les années d'itinérance

J. Wasserman, « The Datting and Patronage of Leonardo's Burlington House Cartoon », in: *Art Bulletin*, 53, 1971, pp. 312–325.

E. H. Gombrich, « Leonardo's Method of Working out Compositions » in: le même, *Norm and Form*, Oxford 1966, pp. 58–63.

J. Nathan, « Some Drawing Practices of Leonardo da Vinci: New Light on the Saint Anne », in: *Mitteilungen des Kunsthistorischen Instituts in Florenz*, 36, 1992, pp. 85–102.

A. Perrig, « Leonardo: Die Anatomie der Erde », in: *Jahrbuch der Hamburger Kunstsammlungen*, 25, 1980, pp. 51–83.

E. Battisti, « Le origini religiose del paesaggio veneto », in: *Venezia Cinquecento*, 1, 1991, H. 2, pp. 9–25.

Leonardo da Vinci. The Mystery of the « Madonna of the Yarnwinder », éd. par M. Kemp, Edinburgh 1992.

7. Combat de titans: la rencontre avec Michel-Ange

J. Shell/G. Sironi, « Salai and Leonardo's Legacy », in: *The Burlington Magazine*, 133, 1991, pp. 95–108.

F. Zöllner, *Leonardo da Vinci. Mona Lisa. Das Porträt der Lisa del Giocondo*, Francfort 1994.

S. Kress, *Das autonome Porträt in Florenz*, Phil. Diss., Gießen 1995.

E. H. Gombrich, « Ideal and Type in Italian Renaissance Painting », in: le même, *New Light on Old Masters*, Oxford 1986, pp. 89–124.

F. Zöllner, *La Battaglia di Anghiari di Leonardo da Vinci fra mitologia e politica* (XXXVII Lettura Vinciana) Florence 1998.

8. Les dernières années

A. H. Allison, « Antique Sources of Leonardo's Leda », in: *Art Bulletin*, 56, 1974, pp. 375–384.

L. H. Heydenreich, « Bemerkungen zu den Entwürfen Leonardos für das Grabmal Gian Giacomo Trivulzios », in: *Leonardo-Studien*, éd. par G. Passavant, Munich 1988, pp. 123–134.

R. Fritz, « Zur Ikonographie von Leonardos Bacchus-Johannes », in: *Museion. Studien aus Kunst und Geschichte für Otto H. Förster*, Cologne 1960, pp. 98–101.

P. Barolsky, « The Mysterious Meaning of Leonardo's Saint John the Baptist », in: *Source*, 8, 1989, pp. 11–15.

C. Pedretti, *Leonardo da Vinci. The Royal Palace at Romorantin*, Cambridge (Mass.), 1982.

Postface et crédits photographiques

Depuis que le présent ouvrage a été édité, trois découvertes vraiment importantes ont été faites à propos des tableaux peints par Léonard de Vinci : premièrement, l'analyse par réflectographie infrarouge des couches profondes de *La Vierge aux rochers* de Londres a révélé la présence de plusieurs dessins sous-jacents du maître, dessins qui diffèrent sensiblement de la composition (L. Syson et R. Billinge, « Leonardo da Vinci's Use of Underdrawing in the "Virgin of the Rocks" in the National Gallery and "St Jerome" in the Vatican », in : *Burlington Magazine*, 147, 2005, p. 450–463). Deuxièmement, la découverte à Heidelberg, en Allemagne, d'une édition de l'œuvre de Cicéron annotée confirme mon opinion selon laquelle *La Joconde* a été commencée en 1503 et représente bien Lisa del Giocondo, épouse d'un commerçant florentin (Veit Probst, *Zur Entstehungsgeschichte der Mona Lisa. Leonardo da Vinci trifft Niccolò Machiavelli und Agostino Vespucci*, Heidelberg 2008, http://archiv.ub.uni-heidelberg.de/artdok/volltexte/2008/410/).

Nous avons affaire ici à une note en marge dans un incunable des Lettres de Cicéron appartenant au secrétaire de chancellerie florentin Agostino Vespucci. Vespucci, qui connaissait bien Léonard de Vinci, nomme à côté de *La Joconde* deux autres œuvres, *Sainte Anne, la Vierge et l'Enfant Jésus* et *La Bataille d'Anghiari* peinte sur le mur de la grande salle du conseil du siège de la Seigneurie à Florence. Son allusion à *La Joconde*, surtout, est capitale car tout ce que nous savons de ce tableau, et les thèses avancées au fil du temps sont parfois contradictoires, est postérieur à l'année 1517. Vespucci commente une remarque de Cicéron sur le peintre antique Apelle qui, peignant une Vénus, aurait représenté complètement sa tête et sa poitrine, sans achever les autres parties. Vespucci écrit ce qui suit :

« Apelles pictor. Ita Leonardus Vincius facit in omnibus suis picturis, ut enim caput Lise del Giocondo et Anne matris virginis. Videbimus, quid faciet de aula magni consilii, de qua re convenit iam cum vexillifero. 1503 Octobris. » (Le peintre Apelle. C'est ainsi que procède Léonard de Vinci dans tous ses tableaux, par exemple avec la tête de Lisa del Giocondo et celle d'Anne, la mère de la Vierge Marie. Nous verrons, ce qu'il fera en ce qui concerne la salle du Grand Conseil, à propos de laquelle il vient de se mettre d'accord avec le gonfalonier. Octobre 1503).

Troisièmement, le tableau d'un *Salvator Mundi* a été présenté à l'exposition sur Léonard de Vinci de la National Gallery à Londres et attribué au maître. Cette attribution d'une œuvre, considérée jusqu'ici comme réalisée par un élève, est toutefois controversée (cf. Frank Zöllner, « A Double Leonardo. On Two Exhibitions (and their Catalogues) in London and Paris », in : *Zeitschrift für Kunstgeschichte*, 76, 2013, p. 417–427).

L'auteur

Frank Zöllner a écrit sa thèse de doctorat de troisième cycle sur un motif antique dans la théorie de l'art et de l'architecture du Moyen Âge et de la Renaissance (1987), et sa thèse de doctorat d'État sur les études de mouvement de Léonard de Vinci (parue en 2010). Auteur de nombreuses publications sur l'art et la théorie de l'art de la Renaissance et sur l'art du 20ᵉ siècle, il est depuis 1996 titulaire d'une chaire d'histoire de l'art médiéval et moderne à l'université de Leipzig. Il est l'auteur chez TASCHEN des monumentales monographies *Léonard de Vinci* et *Michel-Ange*.

Achevé d'imprimer

UN LIVRE TASCHEN, UN ARBRE PLANTÉ !
TASCHEN affiche un bilan carbone neutre. Chaque année, nous compensons nos émissions de CO_2 avec l'Instituto Terra, un programme de reforestation de l'État du Minas Gerais, au Brésil, fondé par Lélia et Sebastião Salgado. Pour plus d'informations sur ce partenariat environnemental, rendez-vous sur : www.taschen.com/zerocarbon
Inspiration : illimitée. Empreinte carbone : nulle.

Envie d'en savoir plus ? Consultez taschen.com pour découvrir nos toutes dernières parutions, parcourir notre nouveau magazine et vous abonner à notre newsletter.

© 2025 TASCHEN GmbH
Hohenzollernring 53, D–50672 Köln
www.taschen.com

Édition originale :
© 2000 TASCHEN GmbH

Traduction française :
Jaqueline Kirchner

Printed in Slovakia
ISBN 978-3-8365-0200-9

COUVERTURE ET PAGE 4
Portrait de Lisa del Giocondo
(la Joconde, Mona Lisa) (détail),
1503–06 et plus tard (1510 ?)
Huile sur bois de peuplier, 77 x 53 cm
Paris, Musée du Louvre

PAGE 2 ET QUATRIÈME DE COUVERTURE
Léonard (?)
Tête d'un homme barbu
(dit Autoportrait), vers 1510–15 (?)
Sanguine, 33,3 x 21,5 cm
Turin, Biblioteca Reale